일제강점기 하남지역의 독립운동

하 남 역 사 박 물 관
하남역사문화연구소 편

景仁文化社

목 차

경기지역 독립운동의 흐름과 특징 ◆한상도◆ 1

   1. 경기지역 독립운동의 지정학적 환경 ································ 3

   2. 국권피탈 전 국권수호운동 ··· 7

   3. 국권피탈 후 항일독립운동 ··· 11

   4. 경기지역 독립운동의 성격과 특징 ································ 27

   토론문 ·· 29

하남지역 3·1 만세운동의 전개와 의미 ◆황민호◆ 33

   1. 머리말 ·· 35

   2. 광주군지역 3·1운동사 서술에 대한 검토 ························ 37

   3. 하남·광주지역의 항일전통과 초기의 3·1운동 ················· 43

   4. 하남지역의 만세 시위 擴大와 激化 ······························ 56

   5. 맺음말 ·· 70

   토론문 ·· 72

하남지역 항일대중투쟁의 전개양상과 성격 ◆김형목◆ 75

   1. 머리말 ·· 77

   2. 교육열 고조와 문화계몽운동 확산 ······························ 82

   3. 농민운동의 전개 ·· 104

   4. 노동운동과 광주공산당협의회 ·································· 114

   5. 맺음말 ·· 119

   토론문 ·· 124

日帝下 廣州地域 新幹會의 活動 ◦조성운◦ 127

  1. 머리말 ··· 129
  2. 신간회 광주지회의 조직 배경 ·· 131
  3. 신간회 광주지회의 조직과 활동 ··· 147
  4. 맺음말 ··· 166
  토론문 ·· 168

종합토론 171

찾아보기 211

경기지역 독립운동의 흐름과 특징

한 상 도

(건국대 사학과 교수)

1. 경기지역 독립운동의 지정학적 환경
2. 국권피탈 전 국권수호운동
3. 국권피탈 후 항일독립운동
4. 경기지역 독립운동의 성격과 특징

1. 경기지역 독립운동의 지정학적 환경

1) 경기지역의 인문지리적 조건

경기지역은 서울과 붙어 있기 때문에, 수도인 서울의 정치·사회적 상황과 직·간접적으로 관련이 있었다. 서울에서 일어나는 정치·사회·경제적 변화로부터 적지 않은 영향을 받았으며, 때로는 서울의 변화를 촉발하기도 했다.

역사적 조건으로도, 경기지역[1]은 한국근대사의 중심에 있었다. 전근대사회에서 근대사회로 이행하는 전환점 역할을 하였던 실학實學은 광주(지금의 안산) 출신의 이익李瀷으로부터 본격화되어, 양평의 정약용丁若鏞에 이르러 집대성되었다고 할 수 있다.[2]

나아가 이들의 개혁사상은 한국근대사상의 기반이 되어, 근대민족주의의 주류를 형성하였다. 근대민족주의의 단서를 제시한 실학의 발

---

1) '京畿'는 중국에서 天子가 직접 관할했던 땅으로서, 천자가 도읍한 지역을 뜻하는 '京'과, 王城을 중심으로 사방 500里 지역을 가리키는 '畿'를 의미한다. 절대권력자의 정치·경제적 기반으로서, 정치권력이 절대적으로 행사되는 지역이기도 했다. 그러기에 경기지역에 사는 주민들이 느끼고 감내해야 하는 권력의 압력은 여타지역에 비해 무겁고, 또 일상적이고 현실적이었을 것임은 쉽게 상상할 수 있다.

2) 서울에 인근한 경기지역의 주민들은 산물의 대부분을 서울의 양반 특권층에게 바쳐야 했으나, 기회와 정보의 취득이라는 측면에서는 역차별을 받기도 했기 때문에, 생활 및 경제적 여건이 상대적으로 어려웠다. 그러기에 이 지역에 거주하는 농촌 유교지식인들은 양반제 사회의 모순에 민감하였고, 그 만큼 개혁과 변화에 대한 갈망이 컸다. 이러한 사회적 환경을 배경으로 정치·사회적 현실의 개혁을 주장하는 實學者들이 등장하기에 이르렀다.

원지인 경기지역이 독립운동의 인적·정신적 기반을 제공한 셈이다.

이와 함께 서울에 있는 조선총독부 등 일제 침략기관이 독립운동세력의 공격대상이 되었기에, 서울에 인접해 있다는 지정학적 조건에서 경기지역은 그 거점 역할을 한 사례가 많았다. 1914년 2월(음력) 대한독립의군부가 편제를 구성함에 있어서, 서울·강화·개성·수원·광주廣州에 5영營을 설치키로 한 사실에서는, 전략적 차원에서 경기도 지역이 갖는 무게감을 느낄 수 있다. 전국의 의병부대가 연합하여 결성한 13도창의군이 양주에 집결하여, 서울진공전을 시도한 사실 역시 이를 뒷받침한다.

또 일제 식민지배기관이 서울에 집중되어 있고, 공장이나 경제활동기관도 이 지역에 많았다. 그러기에 식민지체제의 모순에 대한 인식 또한 그 만큼 첨예하고 깊을 수밖에 없었다. 여기에 중앙의 소식을 빨리 접할 수 있는 지리적 여건이 더해져서, 항일운동을 전국으로 확산시키는 역할을 하였다.

그러기에 경기지역에서 독립운동을 주도한 인물이 많이 배출된 사실은 우연이 아니다. 최익현崔益鉉(포천)·이춘영李春永(양평)·안승우安承禹(지평)·심상희沈相禧(여주)·이인영李麟榮(여주)·김규식金奎植(양주) 등의 의병장, 이한응李漢應(용인)·조병세趙秉世(가평) 등의 순국열사, 기호흥학회畿湖興學會의 수많은 참여인물들을 시발로, 조소앙趙素昻(양주) 형제·여준呂準(용인)·여운형呂運亨(양평)·신익희申翼熙(광주)·박찬익朴贊翊(파주)·안재홍安在鴻(평택)·김교헌金敎獻(광주)·김성숙金星淑(양주)·김익상金益相(수원)·김혁金赫(용인)·신숙申肅(가평)·엄항섭嚴恒燮(여주)·전덕기全德基(이천) 등이 경기지역 출신이다.[3]

---

3) 경기도사편찬위원회, 「경기도 항일독립운동가 일람표」, 『경기도항일독립운동사』, 1995, 1017~1254쪽 참조. 이 글의 서술내용 가운데에서 별

2) 경기지역의 정치·경제적 입지조건

먼저 지방행정조직 상황을 살펴보면, 1910년 9월 30일자로 공포된 「조선총독부 지방관 관제」(칙령 357호)에서는 13도道 → 12부府 → 317군郡 → 4,408면面으로 이루어지는 지방행정체계를 확정하였다. 이에 따라 수도 역할을 해 온 한성부漢城府는 '경성부京城府'로 이름이 바뀌어, 인천부와 함께 경기도 관할로 편제되었다.[4]

1913년 경기도는 2부 36군 492면 4856동리洞里에서, 1914년 16개 군이 통폐합되어, 2부 20군 250면 4605동리로 개편되었다.[5] 이후 부분적인 개편이 지속되어, 1916년 총 249면 2741동리로 조정되었다. 이후 1930년 12월 부제府制 개정으로 개성군이 개성부로 승격되고, 개성부의 관할구역을 제외한 개성군 일원은 개풍군으로 조정되었다. 같은 해 '면제'가 '읍면제邑面制'로 개정되면서, 종래 41개의 면이 읍으로 승격되었고, 1945년까지 전국적으로 124개의 읍으로 늘어났다.

이에 따라, 1931년 수원군 수원면과 시흥군 영등포면이 '읍邑'으로 승격되고, 1945년까지 안성면·평택면·이천면·양주군 의정부면·부천군 소사면·이천군 장호원면·여주군 여주면 등이 '읍'으로 승격하였다. 그런데 행정구역의 통폐합 조처는 단순히 지역의 통폐합만을 의미

도의 각주를 달지 않은 부분은 『경기도항일독립운동사』와 경기도사편찬위원회 편, 『경기도사』 7(일제강점기), 2006에 근거한 것임을 밝혀둔다. 집필진 여러분께 사의를 표한다.

4) 이 글에서는 서술의 지역적 범주로서 '경기도'를 서울을 제외한 현재의 경기도 지역으로 한정했다.

5) 남양·풍덕·죽산·안산·삭녕·통진·영평·마전·교하·음죽·적성·과천·양지·양성·양천·교동의 16개 군이 없어졌고, 통폐합의 결과, 고양·부천·시흥·수원·진위·평택·용인·이천·김포·강화·파주·포천·연천·광주·양평·양주·가평·여주·개성·장단의 20개 군으로 확정되었다.

하는 것이 아니었다. 조선통감부시기 이래 추진해 왔던 지방행정기관의 완비, 특히 조선총독부의 식민통치권력을 농촌으로 침투시키는 데 주요한 매개체 역할을 하는 '면'의 행정력을 강화한다는 데 그 의미가 있었다. 이를 위해 도 장관이 면장을 임명하고, 판임관判任官 대우를 해 줌으로써, 신분과 대우를 보장해 주었다.

경기도의 경우, 면의 통폐합을 시행하면서 약 60%의 면장이 새로 임명되었다고 한다. 신임면장들은 중추원 의관, 군수, 참사, 군 참사, 육군 무관, 도·군·재무서의 주사, 군청 등의 고용원 출신들이 많았고, 구한국 관리가 31%를 차지하였다. 이와 함께 사립학교 교원 출신이 대략 10%에 이르렀는데, 이는 신임면장의 임용조건으로 실무능력이 중시되었음을 일러준다.

이어서 공업지대로서 경기지역의 입지조건을 살펴보면, 경기도는 수도인 경성과 개항장 인천을 잇는 지역으로, 일찍부터 공업지대가 조성되었다. 1930년대 이후 함경남도를 중심으로 한반도 북부지역에 중화학공업화가 진행되면서, 상대적으로 그 비중이 줄어들었지만, 각 부분 간의 균형을 갖춘 대표적인 공업지대로 기능하였다.

이 지역이 교통의 요충지로서 경제활동에 유리한 입지조건을 갖추었으며, 경성을 중심으로 인구가 밀집하고, 이에 수반하여 소비재의 판매시장이 발달하였던 사실과 함께, 조선총독부를 비롯한 주요 침략기관 역시 경성과 경기 일원에 집중되어 있어, 상공업의 중심지로서 입지조건을 갖추고 있었던 점, 공업용수 및 전력공급 설비의 확충사업의 결과, 공업지대로서의 인프라가 잘 갖추어졌던 점 등을 그 배경으로 꼽을 수 있을 것이다.

이 같은 입지조건을 바탕으로 식료품 및 방직공업 등의 소비재 산업이 발달하였으며, 기계·기구공업의 비중도 높았다. 기계·기구공업은 금속공업이나 화학공업처럼 원재료나 중간재의 소재지에 구속받지 않았기 때문에, 시장 및 교통여건에서 좋은 조건을 갖춘 경인공업지대에서 발달할 수 있었다.

반면에 이러한 공업구조 하에서 노동·농업 부문의 모순이 커져갔고, 이를 배경으로 노동·농업운동 역시 반제·반일 성격의 계급운동 내지는 민족운동으로서의 측면이 강화되어 갔다고 하겠다. 경기지역의 공업화와 이에서 잉태된 경제적·민족적 모순을 토양으로 삼아, 근대적 노동자·농민·학생·여성을 주체로 하는 대중운동이 활발하게 펼쳐질 수 있었던 것이다.

2. 국권피탈 전 국권수호운동

1) 의병운동

(1) 전기 의병운동

단발령斷髮令이 공포된 다음날인 1895년 12월 31일(음 11.16) 김하락 金河洛 등이 이천利川의병부대를 결성하여 백현白峴에서 일본군과 싸워 승리하였으나, 이현梨峴전투에서 패한 다음, 남한산성으로 의진을 옮겼다.[6] 이후 이승룡이 이끄는 양근楊根의병이 합세하였다. 그러나 3월 말

---

6) 김하락의 『陣中日記』(독립운동사편찬위원회 편, 『독립운동사자료집』 1, 1971에 재수록)에는 당시 남한산성의 지형을 묘사하여 "사방 산이 깎아지른 듯이 솟고, 성첩이 견고하여 한 사람이 관문을 지키면 만 명이라도 들어올 수 없는 곳이었다"라고 기록하였다.
남한산성의 지형적 특징과 관련해서 張維(1587~1638)가 쓴 「南漢城記」에서는 "대저 남한산은 가운데가 평평한 반면 밖으로 높이 솟아올라,

관군에 패하여 4월 12일 제천의병부대에 합류하였고, 이어서 경상도 지방으로 이동하여, 안동·경주·영덕의진 등과 연합의진聯合義陣을 편성하여 활동하였다.[7]

이외에 안성에서는 민승천閔承天부대가, 여주에서는 심상회부대가 기병하였으며, 1896년 초에는 안승우와 이춘영이 지평에서 이필희를 대장에 추대하고, 지평의진砥平義陣을 결성하였다. 1896년 1월 중순 지평의진은 제천에 입성하여, 28일 유인석柳麟錫을 총대장으로 추대하고 제천의진堤川義陣을 결성하였다.

(2) 후기 의병운동

을사늑약乙巳勒約 체결(1905.11.17)을 계기로, 전기 의병운동의 연장선상에서 반봉건 투쟁을 벌여오던 무장농민집단(활빈당 등) 등을 주축으로 의병투쟁이 재점화되었다.

을사늑약 체결 직전 경기지역의 의병활동 상황을 전하는 신문기사는, 6월에 광주에서 "의병 2백 명이 부민의 재물과 총기를 탈거하였다." 양근에서 "총기를 소지한 의병 45명이 일진회를 공격하였다." 지평에서 "의병이 단발자 한 명과 일진회원 9명을 포살하였다"라고 기록하였다.[8] 전기의병이 소강상태에 들어간 이후에도, 반봉건·반침략의 민족의식이 연면히 이어지고 있었던 것이다.

의병부대의 활동은 1907년 8월 구한국군대의 해산을 계기로 하여,

그 에워싼 형세가 치밀하기 그지없는 가운데 웅혼한 자태를 보여준다" 라고 하였다.

7) 김상기, 『한말 전기의병』(한국독립운동의 역사 09), 한국독립운동사연구소, 2009, 123~129쪽.

8) 『皇城新聞』 1905년 6월 6·14·15·19·20일.

전국적·전민족적 반일 국권수호투쟁으로 확대되었다. 군대해산 후에
는 서울의 시위대侍衛隊와 수원·원주·강화 진위대鎭衛隊 출신의 해산군
인이 의병에 합류함으로써, 경기지역 의병부대의 전력이 향상되었다.

그리하여 안성과 이천 등 경기 남부지역에서 의병부대가 기병한 것
을 시작으로, 항일무장투쟁의 열기는 이천·수원·죽산·여주로 이어졌
고, 이어서 양근·지평·음죽·용인 등 남동부지역으로도 확산되었다. 강
화분견대의 해산은 경기 서북부지역인 교하·통진·풍덕·고양·김포 등
지에서 기병하는 발판이 되었다.9)

장단에서 기병한 연기우延基羽 의병부대는 임진강유역을 거쳐 13도
창의군의 서울진공작전에도 참여하였으며, 포천·삭녕·철원·연천·마
전·장단·적성 등지에서 크게 활약하였는데, 연기우 의병장은 1911년
12월 가평군 화악리에서 일본헌병대와 교전하다가 전사하였다.10)

1908년 1월에는 13도창의군13道倡義軍이 양주에 집결하여 서울진공
작전을 펼쳤다.11) 전술상의 오류, 총대장 이인영의 귀향 등을 극복하
고 동대문 밖 30리까지 진출하였는데, 이 연합의병부대의 주력은 경기
도와 강원도 지역 의병부대였다. 특정지역을 무대로 활동하던 개별 의

---

 9) 홍영기, 『한말 후기의병』(한국독립운동의 역사 11), 한국독립운동사연
    구소, 2009, 63~67쪽.
10) 『大韓每日申報』 1910년 2월 24일 및 『每日申報』 1911년 12월 28일.
11) 당시 신문기사는 13도창의군의 서울진공작전의 목적을 "서울로 들어가
    統監府를 타격하고, 城下의 盟을 이루며, 종래의 소위 '新協約' 등을
    파기하여 대대적 활동을 기도함이라. 우선 신임하는 인물을 서울에 잠
    입시켜 각국 영사관을 순방하고, 通文 한 통씩을 전달하니, 그 개략적
    의도는 일본의 不義를 성토하고, 한국의 불행한 상황을 상세히 진술하
    고, 또 의병은 순수한 애국적인 血團이니, 열강도 이를 국제공법상의
    전쟁단체로 인정해 줄 것과, 또 정의와 인도를 주장하는 국가의 同聲應
    援을 호소하였다"고 보도하였다(『대한매일신보』 1909년 7월 30일).

병부대들이 고립성·분산성을 극복하고, 대규모 의병부대를 결성한 사실은 의병운동의 진전을 의미하는 것이었다.[12]

　그러나 1909년 9~10월 사이에 실시된 '남한대토벌작전南韓大討伐作戰'을 계기로 의병운동이 퇴조기를 맞는 가운데, 경기의병도 침체의 길로 접어들었다. 1910년 국권피탈을 눈앞에 둔 상황에 이르러서는 부대를 해산하거나, 독립운동의 근거지를 찾아 중국동북지역으로 이동해야 하는 선택의 기로에 직면하였다.

　　2) 애국계몽운동

　서울에서 시작된 애국계몽운동의 지방 확산 및 지회 조직 움직임의 영향 하에, 인천(1907.1.19)·포천·장단·개성·강화(1907.3.20)에 대한자강회大韓自强會 지회가, 포천·장단·개성·가평·남양·인천·강화에 대한협회大韓協會 지회가 설립되었다. 기호흥학회畿湖興學會도 여주·수원·양근·장단·교하(1908.10)·광주(1908.12)·강화 등지에 지회를 두었다.[13]

　이와 함께 지역 단위로 활발하게 추진된 것이 사립학교私立學校 설립을 통한 구국교육운동이었다. 1908년에만 하더라도 1월 20일 김포에 금란보통학교, 3월 인천에 명신학교, 정확한 시기는 확인되지 않지만, 대동학교(강화)·의성학교(교하)·대승학교(이천)·명덕학교(인천)의 설립이 확인된다. 1909년에도 4월 1일 용인에 추미학교, 5월 10일 용인에 용인학교, 5월 26일 문산에 문창학교, 정확한 시기가 밝혀지지 않지만

---

12) 오영섭, 「한말 13도창의대장 이인영의 생애와 활동」, 『한국독립운동사연구』 19, 2002, 224·227쪽.
13) 유영렬, 『애국계몽운동』 Ⅰ(한국독립운동의 역사 12), 한국독립운동사연구소, 2009, 55·66·75쪽 참조.

사립고양보통학교(고양)·사립안법학교(안성)·진성학교(이천)·진명의숙(인천)·궐리학교(양주) 등이 확인된다.

그 결과 1910년 7월 현재, 경기지역에는 183개의 사립학교가 설립되었고, 37개 군 가운데에서 30개의 군에 학교가 설립되었다.[14) 계몽운동단체의 지회와 사립학교의 설립을 주도한 세력은 재력과 명망을 갖춘 지역의 유지인사有志人士였다. 이들은 지주地主나 신흥 상공업자들로서 부르주아지로 불릴 만하였다.

또 대일 부채를 상환함으로써 국권을 회복하고자 하였던 경기지역의 국채보상운동國債報償運動은 수원·안성·포천·강화·여주·양주·파주·장단 등지를 중심으로 모금활동이 전개되었다. 계몽운동단체의 경기지역 지회와 사립학교·종교단체·상인단체 뿐 아니라, 문중門中 단위로 모금활동이 펼쳐졌다.

3. 국권피탈 후 항일독립운동

1) 3·1운동

경기지역에서는 21개 부·군府郡에서 적어도 283회 이상의 만세시위가 전개되었다. 3월 3일 수원고등농림학교 한국인 학생 36명이 기숙사를 빠져나와 서울의 만세시위운동에 참여하였고, 같은 날 옹진·개성을 시발로 시작된 만세시위운동은 강화·인천·시흥·고양·진위·파주·

---

14)『舊韓國官報』에 따르면, 1907년 7월 1일 현재 경기도의 관공립학교(전문·고등·실업·보통)가 7개, 준공립보통학교가 12개, 사립학교(고등·실업·보통·각종·종교)가 183개, 합계 202개였다(『구한국관보』 1910년 8월 13일자).

포천·양주·가평·광주·김포·부천·양평·용인·이천·연천·여주·장연 등지로 확산되었다.

3월 말에 이르면 면面과 면이 연대함으로써 시위대의 규모가 대형화하기도 하였고, 산상 횃불시위가 전개되기도 하였다. 4월 15일 발생한 '제암리堤岩里 교회 학살 사건'은 경기지역의 만세시위운동이 치열하였음을 역설적으로 웅변하고 있다.[15)

경기지역의 시위운동이 치열하게 전개될 수 있었던 것은 서울의 움직임과 밀착되어 있고, 지방사회의 지식인·청년·유생층의 선도적인 역할과 농민대중의 적극적인 참여가 있었기 때문이었다.

3월 초순부터 중순 사이에 서울의 만세시위 소식이 고양·김포·파주·광주·양주군 등지로 전파되었고, 3월 22일 서울의 노동자대회 이후 대중적 성격이 강화되면서 경기 외곽지역으로까지 확산되었다. 3월 하순 이후에는 서당교육이나 계몽운동을 주도하는 향촌사회내의 지식인층이 주도해 갔다.

만세시위운동은 통일적인 지도세력이 없이 분산적으로 진행되었지만, 지역 단위로 운동의 조직화가 모색되었고, 각 지역의 운동 지도자들의 조직적인 준비와 적극적인 참여로 이후 항일대중투쟁의 기반을 마련할 수 있었다.

이렇듯 3·1운동이 광범하고도 격렬하게 전개된 것은 지식인·청년·학생들의 선도적인 역할과 농민들의 적극적인 참여가 어우러졌기 때문이었다. 3월 초순 기소된 인물의 66%가 지식인·청년·학생이었고, 시위운동이 절정에 달한 3월 하순에서 4월 초순 사이, 기소된 인원의 90%가 농민이었던 사실[16)이 이를 증명한다. 농민들은 '리里' 단위의

15) 김정인·이정은, 『국내 3·1운동: 중부·북부』(한국독립운동의 역사 19), 한국독립운동사연구소, 2009, 18쪽.

조직을 기반으로[17] 평화적인 만세시위 단계에서 횃불시위, 면사무소·군청·경찰관서 등 일제침략기관 습격·파괴 등을 통한 폭력투쟁 등 다양한 방법을 구사하였다.

이와 함께 주목되는 사실이 양평군의 만세시위 시 등장한 '대한독립회大韓獨立會', 부천군의 만세시위를 주도하려 한 '혈성단血誠團', 개성의 조선독립개성회朝鮮獨立開城會, 그리고 수원지역의 혈복단血復團과 구국민단救國民團 등의 존재이다. 이들 단체는 소규모의 비밀결사 형태를 띠었으며, 비록 괄목할만한 활동모습을 보여주지는 못하였지만, 자생적인 지방조직으로서 대중운동의 선도적 리더십을 시도했다는 점에서 주목되며, 이 같은 조직기반 위에서, 3·1운동 이후의 대중운동 확산도 가능해질 수 있었다고 할 것이다.

2) 농민운동

일제 하 경기지역의 토지는 대부분 소작농을 거느린 지주소작제에 의해 경영되었다. 소작농민들은 지주에게 50%가 넘는 고율의 소작료를 지불해야 하였고, 이와 함께 종자대·비료대·농기구대 등의 경영비와 구채舊債·수리조합비·공과금 등을 부담하여야 했다. 일제 하 농민운동을 대표하는 것이 소작쟁의였다. 대부분의 농민들이 소작농 신분이었기 때문에, 지주와 소작인 간에 쟁의가 발생하는 것은 당연한 일

---

16) 독립운동사편찬위원회 편, 『독립운동사자료집』 5, 1972, 272~564쪽 참조.
17) 농촌에서는 '里長'의 리더십이 주요하게 작용하였다. 독자적인 농민운동의 조직체계가 갖추어지지 못하고, 지도이념이 확립되지 못한 상황에서, 마을주민 동원과 사전연락 활동 등에 있어서, 이장은 중요한 역할을 수행하였다.

이었다.

그리고 이 과정에서 농민들의 이익을 집중·대표하는 농민운동단체가 조직되기에 이르렀다. 물론 한말~일제 초기에도 '소작회小作會' '소작인회小作人會' 명칭의 농민운동단체가 있었으나, 3·1운동을 계기로 농민들의 자각을 바탕으로 농민들의 이익과 사회변혁을 지향하는 움직임이 적극화되었다.

1920년 6월 24일 고양군 송포면 소재 동척농장東拓農場에서, 1922년 11월 20일에는 수원군 향남면 동척농장에서, 1924년 5월에는 부천군 서곶면에서, 12월에는 강화군 길상면에서 소작권 인하와 반환을 요구하는 쟁의가 전개되었다.[18] 이와 같은 농민들의 생존권 확보 및 반일의식의 고양은 농민운동단체의 결성으로 이어져,[19] 농민운동이 점차

---

18) 당시 동양척식주식회사의 억압·수탈 실태에 대해, 동아일보 사설에서는 "동척회사는 毒牙를 張하며, 禍心을 張하여 惡極凶極한 모든 수단으로써 반만년 동안이나 世傳하여 오던 우리의 田土를 함부로 침탈하며, 2천만 대중의 생명을 시각으로 위협하여 조금도 忌憚이 없으며, 自縮이 없는 것을 볼 때에 우리의 심간이 얼마나 떨렸으며, 우리의 淚血이 얼마나 흘렀던가. 아! 爾今에 있어서는 참으려 하여도 참을 수 가 없으며, 견디려 하여도 견딜 수가 없는 막다른 골목에 들어섰다. 우리 2천만 민족이 모조리 生存權을 포기할까. 그렇지 아니하면 東拓이 撤廢自決할까 하는 최후의 문제일 뿐이로다"(「천인공노할 동척의 죄악 : 단연히 철폐하라」, 『동아일보』 1925년 2월 8일 사설, 『日政下 동아일보 압수사설집』, 신동아 1974년 1월호 부록, 99쪽)라고 적었다.

19) 3·1운동 이후 里·面 단위의 小作人組合·小作組合·農民公濟會·作人同盟 등이 결성되었다. 조선총독부 자료에 따르면, 1921년 : 3개, 1922년 : 23개, 1923년 : 107개, 1924년 : 112개, 1925년 : 126개, 1926년 : 119개, 1927년 : 160개, 1928년 : 307개, 1929년 : 564개, 1930년 : 943개, 1931년 : 511개, 1932년 : 404개, 1933년 : 374개가 존재하였다(朝鮮總督府警務局 편, 『最近に於ける朝鮮の治安狀況』, 巖南堂書店, 1966,

반제·반일운동의 차원으로 나아가는 추동력이 되었다.

　이 시기 농민운동은 소작쟁의, 수리조합 반대운동, 화전민 항쟁, 곡물검사제 반대운동, 조선농회 및 삼림조합 반대운동 등의 다양한 형태로 나타났다. 그리고 대지주를 앞세운 일제의 농민지배와 수탈 정책에 맞서 소작농민이 직접 투쟁하는 방향으로 전개되었다. 따라서 소작료 인하와 소작권 이동에 반대하는 소작쟁의가 주류를 이루었다.[20]

　당시의 소작 관행을 살펴보면, 지주가 소작인과 계약서를 작성할 때, 소작인이 지켜야 할 지시사항을 '파종기-이앙기-추수기' 등으로 세분하여 명기하는 등, 소작인을 철저하게 억압·수탈했음을 알 수 있다.

　농민운동은 크게 지주에 대한 항쟁과 일제식민정책에 대한 항쟁으로 나눌 수 있다. 지주를 상대로 한 항쟁도 초기의 경제적·신분차별의 단계에서 점차 반제·정치적 투쟁의 성격으로 전환되어 갔고, 1930년대에 들어서는 '적색赤色' 농민조합이라는 비합법조직으로 개편되어, 조선공산당 재건운동과 맞물려 전개되었다. 수진·양평·여주 등지의 적색농민조합운동에서 그 사례를 찾아볼 수 있다.

　1928년 양평 읍내에 평활소년회平活少年會가 조직되어, 이듬해 10월 양평청년동맹楊平靑年同盟으로 발전하였다. 1931년 1월 여주에서도 혁명적 농민조합 결성을 위한 전 단계로써 협동조합이 조직되었다. 그리하여 1931년 10월 양평여주대표자회楊平驪州代表者會를 조직한 다음, 혁명적 농민조합 조직에 돌입하였다. 그 결과 1932년 10월 농민운동의 지

―――――――――

　　1933, 168~169쪽). 1931년 이후 급격히 감소되는 현상은 만주사변 및 대륙침략 정책이 본격화되면서, 일제의 한국사회에 대한 통제가 강화된 사실과 상관관계가 있다.
20) 김용달, 『농민운동』(한국독립운동의 역사 28), 한국독립운동사연구소, 2009, 67쪽.

도부를 결성하였으나, 곧 이어 터진 경성제국대학 법대 '미야케 시카노스케三宅鹿之助교수 사건'의 여파로 핵심인물들이 검거됨으로써, 중단되고 말았다.[21]

경기지역 농민운동의 특징을 살펴보면, 먼저 동양척식주식회사 농장이 있는 곳에서 소작쟁의가 자주 발생하였다. 특히 수원군에서 쟁의가 잦았던 것은 서울의 관문으로서 군사주둔지·군용지·왕실토지·철도부설지 등이 많았는데, 이들 토지가 대부분 동척 소유지가 된 사실을 배경으로 하였다.

또 1934년 「조선농지령朝鮮農地令」이 공포된 이후 소작쟁의가 급증하였고, 대부분 부재지주不在地主의 소작권 이동과 연관이 있었다. 이와 함께 부재지주의 농장을 대신 경영하던 농감農監이나 마름과 같은 농장 관리인들의 횡포와 전횡이 쟁의의 원인이 된 경우도 많았다.

3) 노동운동

경기지역은 서울의 외곽지역으로서, 서울 중심의 경제활동 범주에 포함되었기 때문에, 식민지 경제수탈과 자본주의 발달의 모순 등이 적나라하게 반영되었다. 개항 이후 인천이 교역의 중심지로 부상하자,

---

21) 위의 책, 197~199쪽. 마르크스주의 경제학자인 三宅鹿之助(1898~?)는 1924년 東京帝國大學 경제학부를 졸업하고, 1927년 경성제국대학 조교수로 임용되어, 1932년에 교수가 되었다. 경제연구회 등을 이끌며, 朴文圭·申南徹·李康國·崔容達·李鍾玉·任澤宰·鄭泰植·李載裕·權榮台 등을 포섭하여, 조선공산당을 재건하여 국제공산당으로부터 승인받고, 나아가 1934년에 개최될 제7차 국제공산당대회에 대표를 파견하려 했다. 1934년 5월 21일 '鮮內赤化工作事件' 혐의로 체포되어, 같은 해 12월 징역 3년형을 언도받았다. 이 사건으로 119명의 관련자들이 체포되었다. 1936년 12월 25일 출옥하여, 종전 후 대학으로 돌아갔다.

많은 사람이 몰려들면서 부두노동자가 양산되기 시작하였다. 인천을 비롯하여 개성·고양·수원·시흥·부천 등지가 노동자 밀집지역이 되었다. 이들 지역은 식민지 한국사회에서 자본주의체제로의 진전이 가장 빨랐던 지역이기도 하였다.

노동자의 권익을 보호해 줄 수 있는 노동관련 법률이 존재하지 않았던 식민지체제 하에서 노동자들의 파업투쟁은 교섭단체로서 노동조합勞動組合의 승인을 둘러싸고 첨예하게 전개되었다. 1920년대 전반기에는 경기·경남·전북지방에 집중되었으나, 후반기에는 새로운 공업중심지로 조성되던 함경남북도와 평안남도 지역에서 집중적으로 발생하였다.[22]

대표적인 사실로써 1920년 12월 12일 인천부두에서 곡물을 취급하는 노동자들이 임금인상을 요구하며 동맹파업을 전개하였고, 1921년 3월에는 인천성냥회사 노동자들이, 1923년 12월에는 인천지역 정미소의 노동자들이, 1924년 5월 11일에는 인천 송판정에 있는 양초제조공장에서, 14일에는 인천 양말직공들이, 임금 인하에 반대하여 파업을 벌였다. 같은 해 11월 14일에는 양주군내 금융조합에서 일하는 직원 700여 명이 일본인 이사의 차별적인 언행에 항의하는 파업을 전개하였다.

경인京仁·경수京水지구에 있는 공장 및 노동현장에서 파업이 많이 발생하였음은 식민지공업화의 거점으로서 이 지역이 갖는 특수성과 관련이 있다고 하겠다. 이 지역에 집중되어 있던 반제품 생산과 식료

---

22) 1920년대 전반기에는 서울을 포함한 경기지역에서의 파업 건수가 절반을 넘었으나, 후반기에는 20% 정도로 감소하였고, 토목·건축과 광산 노동자들의 진출이 활발해졌다(김경일, 『노동운동』 한국독립운동의 역사 29, 한국독립운동사연구소, 2009, 166~167쪽).

품공업 부문과, 부두 및 운수업 부문에 종사하는 노동자들이 파업의 주도세력이었던 사실이 이를 뒷받침한다. 이와 함께 일본인 및 부일한 국인 자본가의 임금 착취와 민족차별이 노동쟁의 발생의 주요 원인이었다.

이처럼 생존권生存權 수호 차원의 성격을 띠었던 노동자들의 저항은 점차 반일투쟁의 단계로 발전해 갔으며, 직장을 개별단위로 하는 단계에서 한 걸음 나아가, 서울·인천지역을 중심으로 경기지역 일원에서 가동 중인 공장에 근무하는 노동자[23]를 중심으로 노동조합이 조직되어, 1922년 8월 7일 인천에서는 700여 명의 노동자들이 인천노동연맹을 조직하였으며, 1923년에는 인천소성노동회仁川邰城勞動會가 결성되어 인천지역 노동운동을 주도하였다.

그 결과 1923~1924년 사이 인천 등지에서는 운수·부두·인쇄·고무·정미업 등의 직업별 노조가 조직되었으며, 경성노동연맹회京城勞動聯盟會(1925년 8월 10일)와 인천노동연맹회仁川勞動聯盟會(1926년 4월 11일)를 결성하는 등, 조직화해 갔다.

1920년대 중반이후 경기지역의 노동운동 조직 상황을 살펴보면, 1925년 11월 고양군에서 노동청년회가 발족하였으며, 인천의 목공노동자들이 인천목공조합을 조직하였다. 1926년에는 개성에서 신문잡지 배달인조합이 조직되었고, 1926년 10월 여주노동친목회, 1927년 9월 고양군에서는 a경강노동조합이 결성되었다. 이후 1920년대 후반으로 가면서 노동운동 조직의 지역별·직업별 통일 움직임이 강화되어 갔다.

1920년대 후반기 이후에는 생존권 확보와 노동조건의 개선을 요구하는 경제투쟁의 측면을 견지하면서도,[24] 반제反帝·반일反日 사상운동

---

23) 공장노동자들이 종사한 주요 업종은 방직·금속·기계·요업·화학·제재목제품·인쇄·식료품·가스·전기·기타 제조업 등이었다.

思想運動으로서의 성격이 강화되어 갔다.[25]

　1930년에 들어서는 세계적인 경제공황의 영향으로 노동운동도 그 성격이 변해 갔다. 기존의 합법적 노동조합을 대체하여 비합법적 노동조합운동이 전국적으로 확대되었다. 1930년 말에서 이듬해 말 사이 인천·수원 등지에서 '적색노동조합' 결성을 위한 활동이 전개되었다. 부정확한 통계에 근거하더라도, 1930년대 전반기 적색노동조합 조직 사건과 관련하여 검거된 사례가 70여 건에 이르고, 1759명이 체포되었다.

4) 학생운동

　경기지역 지역의 학생운동은 3·1운동을 계기로 본격화·조직화되었으며, 학생들은 대중투쟁의 주도세력으로 역할하였다. 주요 사실로 1921년 5월 23일 안성공립보통학교 5학년생들이 한국어 사용 금지와 민족적 자존심을 손상시키는 일본인 교사의 배척을 요구하며 동맹휴학을 단행하였고, 8월 12일에는 부천공립보통학교 3학년생들이 담임교사의 실

---

24) 예컨대, 1931년 5월 28일 발생한 조선방직 영등포공장의 파업에서는 임금삭감 반대, 소년·소녀 노동자에게 정당한 임금을 지급할 것, 임금계산의 근거를 공개할 것, 부상자에게 생활비 및 위자료를 지급할 것, 6개월분 이상의 해고수당을 지급할 것, 8시간 노동제를 시행할 것, 소년·소녀에게는 6시간 노동을 실시할 것, 강제저금을 폐지할 것, 모욕적인 언사를 삼갈 것, 1시간의 휴식시간을 줄 것, 단결권을 부여할 것 등이 제기되었다(『동아일보』 1931년 5월 30일).

25) 예컨대, 1931년 3월 말 발생한 인천 加藤精米所에서 발생한 동맹파업에서는 '화요파 조선공산당' 재조직과 관련하여 "노동자·농민에 기초를 둔 공고한 세포 조직"을 강조하는 내용이 들어 있다(『最近に於ける朝鮮治安狀況』, 1933, 41쪽).

력부족과 모욕적인 언사에 항의하여 동맹휴학을 전개하였다. 1923년에는 수원고등농림학교 한국인학생 59명이 7가지 요구조건을 내걸고 동맹휴학을 단행하였고, 6월 26일에는 인천공립상업학교 3학년생 41명이 일본인 교사의 자질을 문제 삼아 동맹휴학을 단행하였다.

당시 학생운동의 형태는 크게 동맹휴학同盟休學과 비밀결사활동秘密結社活動으로 나눌 수 있는데, 동맹휴학은 보통학교에서부터 전문학교에 이르기까지 전체 학생층이 참여하였다. 맹휴의 주요 원인으로는 일본인 교장 및 교사에 대한 배척 문제가 가장 많았는데,[26] 이는 학생들이 학내문제에 대한 불만 차원을 넘어서서, 민족의식이 강렬하게 표출된 결과였다고 할 수 있다.[27]

이는 농민·노동운동의 성격이 생존권 수호 및 경제투쟁의 성격이 짙었던 사실과 비교될 수 있다. 물론 학생들의 가정·사회경제적 기반이 농민·노동자들의 그것에 비해 양호하였던 사실과 상관관계가 있겠

---

26) 1921~1928년 사이 동맹휴학에서 제기된 교원배척 요구 434건을 살펴보면, 교원의 인격 및 소행·언행 문제가 123건, 교수방법에 대한 불만이 120건으로 절반을 넘었다. 민족별로는 일본인 교원에 대한 불만이 228건, 조선인 교원에 대한 불만이 199건, 여타 외국인 9건이었다(朝鮮總督府警務局, 『朝鮮に於ける同盟休校の考察』, 1929, 27~28쪽).

27) 민족동화·말살을 겨냥한 일제의 식민지교육에 대한 저항의 의지를 보여주는 사실로써 동아일보 사설에서는 "일제의 제도와 방침이 악하면 그로 말미암아 우리의 능률이 많이 희생되는 것은 사실이지만, 조선인의 언어와 신앙은 결코 유린되지 아니하는 것을 믿는다. 어찌 그러냐 하면, 정복과 피정복의 관계는 우연적 사실이요, 언어와 신앙은 역사적 자연의 필연의 산물이니, 우연한 사실은 필연한 산물을 파멸할 수 없기 때문이다"(「정복교육의 오산」, 『동아일보』 1925년 5월 15일 사설, 『일정하 동아일보 압수사설집』, 신동아 1974년 1월호 부록, 108쪽)라고 하였다.

지만, 이는 선진 지식인계층으로서 식민지 한국사회의 모순 해결을 위해 스스로 주체세력이 되어야 하리라는 학생들의 자각과, 이에서 비롯된 반제·반일·근대시민의식의 성장이 밑받침된 결과로 평가할 수 있을 것이다.

동맹휴학은 대부분 민족차별적이고 비교육적인 교장 및 교사를 배척하기 위함이 주원인이었고, 시설 개선 등이 배경으로 작용하였다. 이와 함께 한인학생에 대한 부당한 구타와 민족차별적인 비교육적 언행, 무성의한 수업진행, 부실한 학교운영 등도 주요한 원인이었다. 한인교사에 대한 자질 시비도 발생하였지만, 주로 일본인 교장이나 교사에 대한 배척문제에 집중되었다.[28]

일례로 1927년 6월에 수원고등농림학교水原高等農林學校 학생들을 주축으로 조직된 비밀결사 건아단健兒團은 '단군기원 연호'를 사용하며, 농민야학활동을 통해 민족의식과 독립사상을 고취하였다. 1928년 여름에는 일본의 조선농우연맹朝鮮農友聯盟과 연대하여 순회강연 활동을 펼쳤다.[29]

농우연맹 순회강연단은 도처에서 강연이 금지·중지되었고, 9월 1일 수원고등농림학교 재학생 11명이 '치안유지법 위반' 혐의로 검거되어, 2명이 유죄판결을 받았다.[30] 그 결과 한전종이 무기정학 처분을 받기

---

28) 일례로 1927년 11월 26일 발생한 포천공립보통학교 동맹휴학 시 학생들이 제출한 진정서에 따르면, 학생 구타, 학생으로부터 수업료를 받아내지 못한 한국인교사에게 월급을 지급하지 아니한 일본인 교장의 처사, 교장의 집안일에 학생을 동원한 사실 등이 동맹휴학의 원인이 되었음을 알 수 있다(『동아일보』 1927년 12월 1일).

29) 장규식, 『1920년대 학생운동』(한국독립운동의 역사 39), 한국독립운동사연구소, 2009, 260~261쪽.

30) 『最近に於ける朝鮮治安狀況』, 1933, 100쪽.

에 이르자,[31] 1928년 9월 21일부터 10월 3일 사이 학생들은 동맹휴학을 전개하였다.

일제의 식민지 교육정책이 한인에 대한 고등교육을 억제하고, 오로지 '충량忠良한' 신민臣民을 양성하기 위한 노예교육으로서의 성격이 명확해지면서, 동맹휴학도 학교 내의 사소한 문제로부터 발단이 되어, 식민지 노예교육에 대한 규탄, 나아가 총독정치에 대한 비판으로 확대되었고, 한 걸음 나아가 항일독립운동의 성격으로 발전하였던 것이다.

특히 1926년 6·10운동을 분기점으로, 성격이 변하였다고 할 수 있다. 6·10운동 이전시기에는 교장 및 교사 배척, 교수방법, 교과과정 시행, 학교시설 확충 요구, 학교승격 요구 등 교내문제와 교육문제가 주요원인으로써 식민지 교육에 대한 저항이었다고 한다면, 6·10운동 이후는 식민지 통치에 대한 저항과 함께 사회변혁을 지향하는 차원으로 발전해 갔다.

1929년 11월 3일 발생한 광주학생운동光州學生運動이 일어나자, 개성·인천·오산 등지에서 대대적인 항일만세시위와 동맹휴학으로 전개되었다. 일본 정토종淨土宗에서 운영하는 개성학당상업학교에서는 학생들의 동맹휴학에 교사들도 합세함으로써 폐교하기에 이르렀다. 이는 일본인들의 학교 운영의 전형을 보여주는 좋은 예였다.

동맹휴학을 통한 항일투쟁의 양태는 1940년대 초반에 이르면, 비밀결사를 통한 보다 적극적이고 치밀한 단계로 발전하였다. 수원고등농림학교의 독서회, 조선예술호연구락부와 조선민족협동단 등의 무장항쟁 시도 등은 경기도내 학생운동이 투쟁적이고 다양화되고 있었음을 보여준다. 일제말기 민족말살정책에 적극적으로 대응한 결과라고 하겠다.

---

31) 『동아일보』 1928년 9월 18일.

5) 청년·여성·소년운동

청년운동단체는 '구락부俱樂部' '회會' 등의 형태를 띠었고, 점차 '청년회靑年會'라는 명칭으로 일반화되었다. 대체로 풍습 개량과 지방의 산업경제 발전을 도모하는 데 주력하였다. 그러다가 사회주의운동의 영향 하에 식민지 사회의 모순을 자각하며, 반일 민족운동으로서의 성격이 강화되어 갔다. 인천·고양·광주·양주·연천·가평·양평·여주·이천·용인·안성·평택·수원·시흥·부천·강화·파주·개성 등지를 중심으로, '면·리' 단위로 많은 청년운동단체가 결성되었다.

활동은 야학회·강연회·토론회와 체육·연예·오락·산업장려 등이 주류를 이루었다. 야학회夜學會는 연령이나 경제사정 등으로 인해 노동에 종사하는 청소년을 30명에서 많게는 300~400명씩 모아 무료로 가르쳤다. 강연회는 '현대청년의 번민' '소비절약과 물산장려에 대하여' '여자교육의 필요' 등의 제목이 암시하듯이, 근대시민의식을 고취시키고, 일반민중을 교화·계몽시키는 것이 주목적이었다. 연사로는 교사·기자·목사·의사·일본유학생·전문학교 재학생·사회단체 간부 등이 참여하였다.

또 경기지역의 여성운동단체로는, 1921년의 경우, 인천엡윗청년회·개성여자교육회·안성여자교육회의 활동 사실이 확인된다.[32] 대체로 야학·강습회·토론회 등을 통한 교육·계몽활동의 형태로 전개되었다.

여성단체들의 활동은 문자 보급을 통한 문맹퇴치활동, 여성의 사회적 신분 향상과 생활환경 개선 등을 지향한 계몽적·개량적 단계였다고 할 수 있는 데, 1925년 11월 인천에서 결성된 인천여자청년동맹 단

---

32) 박용옥, 『여성운동』(한국독립운동의 역사 31), 한국독립운동사연구소, 2009, 175쪽.

계에 이르면, 한층 진보적이고 이념적인 모습을 띠게 된다.[33]

그리하여 인천지역 정미소에서 일하는 여성노동자들이 남성노동자들과 함께 파업에 적극 동참한 사실 등에서 엿보이듯이, 점차 남녀 성차별의 경계를 넘어서서 '남녀동등' '여성해방'을 주창하는 등, 반제·반일의 사회주의운동으로까지 진전되었다.

마지막으로 소년운동의 상황을 살펴보면, 1921년 1월에 안성기독교소년회, 2월에 안성천주교소년회, 1922년 5월 고양 동아소년수양회, 6월 개성소년회, 12월에 강화소년회, 1923년 7월 이천군 읍내면 중리소년운동구락부·광명소년친목회·파주소년회, 8월 송파소년회, 1924년 1월 안성소년단, 4월 평택소년회, 10월 이천소년단·고양 광활소년척후단, 11월 안성소년회, 1925년 1월 안성 보개면의 동신소년회, 2월 양주 창동소년회와 유신소년회·이천소년회 등이 조직되었다.

전체적으로 20개 군에서 121개 단체가 결성·통합·해체된 것으로 파악되는데, 개성군과 이천군이 상대적으로 활발했고, 강화소년회와 수원소년군의 활동도 괄목할 만하였다고 한다. 개성의 경우, 개성소년회에서는 잡지 『소년』을 간행하였으며(1923.10), 청교면 융화소년회(1925.7)·태극소년회(1925.7)·적전 소년수양회(1926.4)·고려소년척후대(1927.4)·개성소년동맹(1927.8) 등이 결성되었다. 주요 활동은 강연회·동화회·토론회·웅변대회·체육대회·연예오락회·어린이날 기념행사 등이었으며, 체육활동의 비중이 높았다.

6) 신간회 활동

신간회新幹會 활동에 있어서, 지회支會의 존재는 중요하였다.[34] '독

---

33) 『조선일보』 1925년 12월 2·8일.

립'을 공공연하게 내걸 수 없는 상황에서 활동의 축을 지회에 설정하
고, 농민대중의 역량을 결집하여 일제 말단지배기구와 투쟁해야 한다
는 논의[35]는 대중투쟁의 선도기구로서 또 대중투쟁을 지휘하는 민족
협동전선으로서 신간회 활동의 역사성을 뒷받침하는 것이었다.

　신간회 창립 초기와 해소기의 도별 지회 숫자를 조사한 자료에 의하
면, 1927년 12월 당시 경기지역 지회는 6개, 1931년 5월 당시는 9개
가 설립되었고, 14곳이 미처 설립되지 못한 상황이었다.[36]

34) 일제자료는 신간회 지회의 활동을 "지방에 있어 항일 한인주의자 중에
　서 상당히 유명한 인물은 거의 이미 (신간회에) 가입하였다. 또 집회나
　회원 권유 시의 언동을 종합할 때, 운동의 최종목표는 한국의 독립에
　있음을 쉽게 파악할 수 있다. 뿐만 아니라 지방행정·시사문제 등에 대
　해서도 극력 개입하여 방항 움직임을 선동하며, (일제당국과의) 분규를
　확대시키기에 힘쓰고, 기회를 포착하여 이를 민족적 반항의 원인으로
　삼고 있어, 지방의 민심을 악화시키고 있음이 한심하기 짝이 없다"(경
　상북도경찰부, 『高等警察要史』, 1934, 50쪽)라고 평가하였다.
35) 黃鍾漢, 「현단계에 조선 맑스주의자의 임무」, 『現階段』 제2권 제1호,
　1929년 4월, 17~18쪽에서는 "신간회가 전인민 자체의 투쟁조직으로
　되기 위해서는 그 투쟁은 정치기구의 최첨단－지배계급과 인민의 직접
　적인 접촉면인 里·面·郡 등의 행정단위에 대한 투쟁으로부터 출발해야
　만 할 것이다. … 대중은 里行政·面行政·郡行政을 통해서 지배권력을
　보는 것이고, 따라서 그들의 정치적 불평불만은 이와 같은 행정단위로
　부터 양성되는 것이다. … 따라서 투쟁력을 이와 같은 행정단위에 집중
　통일하는 것에 우리의 全注意를 기울여야만 할 것이다"라고 하였다(水
　野直樹, 「新幹會運動에 관한 약간의 問題」, 스칼라피노·이정식 외, 『新
　幹會硏究』, 동녘, 105쪽에서 재인용).
36) 이를 다른 도와 비교해 보면 다음과 같았다. 경북 : 16(1927.12 상황),
　18(6, 미설립지회의 수, 1931.5 상황 ; 이하 같음) / 경남 : 15, 19(4) / 전
　북 : 8, 8(7) / 전남 : 14, 14(9) / 충북 : 5, 6(8) / 황해 : 5, 6(8) / 강원 :
　4, 7(14) / 평북 : 3, 7(13) / 평남 : 3, 3(13) / 함북 : 10, 10(2) / 함남 : 9,
　10(8) / 일본 : 3, 4/ 합계 104, 126(111)(『동아일보』 1927년 12월 23일

주요활동으로는 순회강연 실시, 웅변대회와 연설회 개최, 노동야학 활동 참여, 교양강좌 실시 등을 통한 계몽운동을 비롯하여, 소작분규에 대한 조사, 조선토지개량주식회사 폐지운동, 동양척식주식회사의 횡포에 대한 저항, 유림에 대한 견제, 한국인 본위의 교육 요구, 관리 및 경찰의 부정이나 불의에 대한 조사와 경고활동 등[37]을 들 수 있다. 경기지역에는 15개 정도의 지회와 분회가 설립되었다.[38] 회원의 대부분이 지식인들로서, 지역사회의 항일운동가 및 종교인 등이었다.

그런데 중앙본부의 개량화를 비판하면서 등장한 해소론解消論을 둘러싸고 치열한 논쟁이 벌어졌다. 안성지회는 해소에 반대한 반면, 인천지회[39]는 즉각적인 해소를 주장하는 등, 지회별로, 항일독립운동의 시대적·계급적 인식의 차이가 표출되었다.

해소 과정을 확인할 수 있는 곳은 안성지회·경서지회·인천지회이다. 이 중에서 1931년 2월 10일 제출된 인천지회의 해소 성명서에서는 세계적 경제공황이라는 급격한 변화가 세계 프롤레타리아의 계급의식을 앙양시키며, 계급대립을 첨예화시키고 있다. 이러한 상황을 배

및 『朝鮮之光』 96, 1931.5, 6쪽, 이상 水野直樹, 위의 글, 86쪽에서 재인용).
37) 이균영, 『신간회 연구』, 역사비평사, 1995, 265·287쪽.
38) 경기지역 지역의 지회 결성 상황을 살펴보면, 1927년 2월 15일 서울에서 신간회가 창립된 이후, 8월 8일 성남지회 결성을 시작으로, 광주(1927.8.24)·수원(1927.10.17)·안성(1927.11.12)·인천(1927.12.5)·강화(1928.6.10)·장호(1929.8.15)·광흥(1931.1.3)·용인·개성·장연지회의 결성이 확인된다.
39) 일제자료는 1929년 5월 당시 인천지회의 간사가 高義璇이고, 회원으로는 劉斗熙가 파악되고 있다(경기도경찰부, 「治安狀況 その1」, 朴慶植 편, 『朝鮮問題資料叢書』 6, '1920~1930년대 민족운동', 三一書房, 1982, 176쪽).

경으로, 노농계급의 계급의식이 앙양되어 신간회의 조직체로서 결함
과 오류를 인식하게 되었으므로, 해소되어야 하는 역사의 필연에 직면
하였다고 주장하였다. 그리고 해소 이유로는 첫째, 조직의 형태가 중
앙집권적이고, 협의적 협동체가 아니라 정당 형태의 단일체로 되어 있
는 점, 조직의 기초가 공장·광산·철도·어장이 아닌 점, 둘째, 막연한
추상적 강령과 구체적 운동방침의 수립이 없어, 능동적인 활동을 전개
하지 못한 점, 셋째, 신간회의 영도권이 소부르주아에게 있는 점, 다섯
째, 노농계급의 일상 당면과제에 하등 이익을 주진 못한 점 등40)을 꼽
았다.

　　결국 1931년 5월 15~16일 소집된 제2회 전체대회에서 해소안이
가결됨으로써, 민족통일전선의 결성을 표방하였던 신간회운동은 종말
을 고하고 말았다.

4. 경기지역 독립운동의 성격과 특징

　　첫째, 경기지역은 지리적으로 서울의 외곽지역이기 때문에, 서울에
서 전개된 독립운동 상황과 밀접하였던 것은 물론이고, 조선총독부 식
민정책의 변화에도 민감했다. 서울에서 전국각지로 통하는 도로와 교
통망이 모두 경기지역을 통과하였고, 서해안이나 임진강·한강의 수로
가 발달하여 서울 및 경기지역 상호간의 정보교환이 용이하였다. 그
결과로써 의병부대의 활동이 다른 지역보다 먼저 일어났고, 3·1운동
역시 서울의 만세시위운동과 밀착되어 전개되었다.

　　둘째, 1895년 말에 봉기한 남한산성 의병부대가 서울공격작전을 구

---

40) 『조선일보』 1931년 2월 16일.

상하였던 사실, 가평의진이 서울로 진군하다가 패전한 사실, 1908년 초 13도 창의군이 서울 탈환을 목표로 진격하였던 사실, 1908년 5월 경까지 임진강지역 의병부대가 의정부 일대를 거점으로 삼아, 서울탈환작전을 전개했던 사실 등은 경기지역 독립운동세력이 서울에 있는 일제 침략기관 공격을 목표로 설정하였음을 뒷받침한다.

셋째, 경기지역 독립운동의 양상을 살펴보면, 독립운동의 각 영역을 두루 망라하고 있다. 의병운동과 계몽운동을 거쳐 3·1운동 직후에는 임시정부 수립 시도, 1920년대의 농민·노동·여성·학생·소년운동과 물산장려운동·협동조합운동, 1930년대의 농민·노동·학생운동, 1940년대의 건국동맹과 농민동맹 활동 등이 경기지역을 무대로 전개되었다.

넷째, 경기지역은 서울중심의 경제활동 범주 안에 포함되어 있었기 때문에, 식민지 경제수탈과 자본주의 발달의 모순 등을 적나라하게 목격·체험하였다. 경인·경수지구에 있는 공장 및 노동현장에서 파업이 많이 발생하였음은 식민지공업화의 거점으로서 이 지역이 갖는 특수성과 관련이 있다고 하겠다. 이 지역에 집중되어 있던 반제품 생산과 식료품공업 부문과, 부두 및 운수업 부문에 종사하는 노동자들이 파업의 주도세력이었던 사실이 이를 뒷받침한다.

다섯째, 경기 동북부의 산악지대와 서남부의 평야지대라는 지리적 조건에 따라, 동북지역에서는 의병운동이 활발하였고, 서남부지역에서는 농민·노동운동을 중심으로 한 대중투쟁이 활발한 양상을 띠었다.

여섯째, 이렇듯 국내 독립운동의 주무대 역할을 하였던 경기지역이었기에, 일제의 반격 또한 잔인하여 그 피해가 컸다. 의병운동 때 양평·가평·포천·연천지방에서는 마을 전체가 불탄 곳이 많았던 사실이나, 3·1운동 때 수원 제암리에서 발생한 주민학살사건 등이 이를 대변하고 있다.

「경기지역 독립운동의 흐름과 특징」 토론문

채 영 국

(인천개항장연구소 수석연구위원)

한상도 선생님의 발표 잘 들었습니다.

한상도 선생님의 발표는 일본제국주의자들이 한국을 본격적으로 침략하기 시작한 19세기 말부터 광복을 맞이하기까지 경기지역 민족운동가들의 항일활동상을 주제별로 나누어 전반적으로 해주셨습니다.

한선생님이 발표하셨듯이 경기지역은 1910년 8월 경술국치 이전부터 이미 일제의 한국 침략을 감지한 이 지역의 민족운동가들에 의해 항일활동이 활발히 일어난 지역입니다. 즉 경술국치 이전에는 김하락·민승천·심상회 의진과 같은 의병활동이 있었는가하면, 1908년 1월에는 13도창의군이 양주에 집결하여 서울진공작전을 펼치기도 했습니다. 이 밖에 경기지역에서는 애국계몽운동이 활발히 전개되었고, 경술국치 이후에는 3·1운동·농민·노동·학생·청년·소년운동이 일어났고, 1927년에는 국내 최대의 민족통일전선을 구축한 민족유일당운동에 의해 성립한 신간회의 활동도 전개된 지역입니다.

이 같은 사항을 볼 때 일제강점기하 경기지역은 각계각층이 아주긴 기간 항일의 기치를 올린 고장이라 할 수 있겠습니다. 이 같은 결

과는 한 선생님이 발표에서 지적하셨듯이 경기지역은 일제 침략기관
들인 조선총독부·조선군사령부·조선헌변대사령부·동양척식주식회사
등이 있는 서울과 접해있었고, 항일 민족운동가들의 공격 대상이 바로
이들 기관과 그 안에서 식민지한국을 지배하는 일제의 수괴들이었기
때문이었습니다.

그런 면에서 경기지역은 의열투쟁도 활발히 전개되기도 했습니다. 경
기도 이천 출생인 이수홍의사는 1926년 7월부터 11월 초까지 이 지역
을 무대로 의열활동을 벌였습니다. 이수홍의사는 그 시기 재만 독립군
단으로 가장 활발한 무장활동을 벌인 참의부 국내특파원이 되어 1926년
5월 입국해 7월 10일에는 서울 동대문에 있는 일제의 경찰파출소를
습격해 일경을 사살하고, 9월 7일에는 안성군 일죽면에서 군자금모집
활동을 벌였습니다. 그리고 9월 28일에는 이천군의 현방경찰관 주재
소를 습격하고, 다시 백사면사무소를 습격해 친일 면서기를 총살하는
활동을 벌였습니다. 이같이 동지 유택수와 함께 11월 초까지 의열투쟁
을 벌이던 이수홍의사는 일경들과 대치하다가 피체되었고, 1928년 5월
일제로부터 사형을 언도받고, 1929년 2월 27일 순국하였습니다.

또 1929년 4월에는 의열투쟁 단체인 공명단의 대원들이 서울에서
춘천쪽으로 넘어가는 남양주시 고개에서 일제의 우편물 수송차를 습
격해 군자금을 탈취하는 의거가 일어나기도 했습니다. 공명단은 단장
이 최양옥이었고, 단원은 이선구·안창남·김정련 등이었습니다. 이 단
체는 독립군 비행사양성소를 건립해 일제와 대등한 무력을 확보해 무
장투쟁을 벌인다는 계획을 가진 단체였습니다. 따라서 대원들은 그 자
금을 확보하기 위해 바로 남양주시에서 우편물과 함께 현금을 수송하
는 일제의 우편수송차를 습격했던 것입니다. 의거 후 거액을 확보한
공명단 대원들은 양주에 있는 천마산으로 갔는데 일제의 군경이 이 산

을 포위 공격해 양측이 서로 총격전을 벌이다가 결국 대원들은 전원 피체되고 말았습니다.

　일제 침략기간 동안 이렇게 다양한 독립운동이 전개된 지역이 경기지역이었는데, 한선생님께 한 가지만 질문 드리겠습니다. 발표문 앞부분에서 어느 정도 밝혀주시긴 했는데요, 일제침략 하에서 경기지역 출신으로 중국 관내지역에서 임시정부나 그 밖의 단체에 가입해서든지 또는 개인으로 독립운동을 전개한 분들은 어떤 분들이 있었고 그 분들의 주요활동을 무엇이었는지 말씀해주시면 감사하겠습니다.

　이상입니다.

하남지역 3·1 만세운동의 전개와 의미

황 민 호

(숭실대 사학과)

1. 머리말
2. 광주군지역 3·1운동사 서술에 대한 검토
3. 하남·광주지역의 항일전통과 초기의 3·1운동
4. 하남지역의 만세 시위 擴大와 激化
5. 맺음말

1. 머리말

　1919년의 3·1운동은 일제하 우리나라 독립운동사의 일대 획을 긋
는 중대한 사건이었으며, 대체로 천도교와 기독교계의 3·1운동을 비
롯하여 국제여론과 조선총독부의 대응 등 다양한 부분에서의 연구가
이루어지고 있다. 뿐만 아니라 지역사연구와 관련해서도 경기도의 경
우 지역별 사례 연구를 중심으로 한 체계적이고 실증적인 검토가 진행
되고 있다.[1]

　3·1운동이 발발하자 경기도 광주군지역에서도 경기도의 다른 지역
과 마찬가지로 군내郡內의 여러 지역에서 만세시위가 전개되었으며,
특히 3월 27일 서부면西部面에서의 만세시위에서는 1,000여 명의 군중
이 참여한 가운데 군내郡內에서 최초로 일제 헌병의 총격으로 사망자
가 발생하였다.[2] 그리고 이후 계속된 3월 28일 오포면五浦面과 경안면
慶安面의 시위에서는 1,500이 넘는 군중이 태극기를 앞세우고 군청 앞
에서 독립만세를 외쳤으며, 역시 헌병의 발포로 6명이 사망하고 10명
이 부상당하였다.[3] 또한 광주군에서의 3·1운동은 각 지역에서의 횃불

　1) 윤병석, 『증보 3·1운동사』, 국학자료원, 2004 ; 김진봉, 『3·1운동사연
　　 구』, 국학자료원, 2003 ; 신용하, 『3·1독립운동』, 독립기념관 독립운동
　　 사연구소, 1989 ; 이정은, 「화성군 우정면·장안면 3·1운동」, 『한국독립
　　 운동사연구』 9, 독립기념관 한국독립운동사연구소, 1995 ; 박환, 「용인
　　 지역 3·1운동」, 『한국민족운동사연구』 42, 2005 ; 조성운, 「매일신보에
　　 나타난 경기지방의 3·1운동과 일제의 대응」, 『한국민족운동사연구』 42,
　　 2005 ; 성주현, 「수원지역 3·1운동과 천도교인의 역할」, 『수원지방 민
　　 족운동사의 역사적 위상』, 2003 ; 황민호, 「安城邑內와 竹山地域 3·1 운
　　 동의 전개」, 『한국민족운동사연구』 46, 한국민족운동사학회, 2006.
　2) 경기도사편찬위원회, 『경기도항일독립운동사』, 1995, 433쪽.

시위와 함께 격렬한 만세시위가 주류를 이루고 있었으며, 천도교를 중심으로 한 종교 세력과 학생의 참여가 있었던 것으로 보인다.[4]

그런데 기존의 광주군의 3·1운동에 대한 연구에서는 일부지역에서의 3·1운동에 대해서만 간단하게 언급[5]하거나 운동의 전개과정을 지역별[6] 혹은 날짜별 일지日誌의 형태[7]로 정리한 연구가 있을 정도이다. 또한 만세운동의 양상을 서술하는 과정에서는 서로 다른 내용을 강조하고 있는 경우도 있어 전체적으로 광주군의 3·1운동을 명확하게 이해하는데 오히려 방해가 되는 듯한 느낌마저 주고 있다.

따라서 본고에서는 첫째, 광주군의 3·1운동에 대한 기존의 연구 성과를 검토해 봄으로서 광주군지역의 3·1운동을 이해하는 과정에서 나타는 혼선의 내용과 문제점에 대해 검토해 보고자 한다.

둘째, 광주군지역에서 전개된 의병전쟁과 항일전통에 대해 살펴봄으로서 광주군에서의 3·1운동이 경기도 내의 다른 지역에 비해 상대적으로 강력하게 전개될 수 있었던 역사적 배경에 대해 검토해 보고자 한다.

또한 광주군지역의 3·1운동에 대해 주로 당시의 재판기록[8]과 일본군 참모부의 상황보고 등을 중심으로 정리해 봄으로써 궁극적으로 광주군지역에서의 3·1운동의 전개와 확산과정에 대해 보다 객관적으로

---

3) 金正明, 『朝鮮民族運動』 Ⅰ, 原書房, 1967, 525쪽, 「騷擾事件に關する狀況」, 朝特報第9號.
4) 廣州郡誌編纂 委員會, 『廣州郡誌』, 1990, 358쪽.
5) 하남시사편찬위원회, 『역사도시하남』, 2001 참조.
6) 앞의, 『경기도항일독립운동사』, 1995 참조.
7) 이병헌, 『三·一 運動秘史』, 시사일보사, 1959, 874쪽 ; 앞의, 『廣州郡誌』, 1990 참조.
8) 국사편찬위원회, 『한민족독립운동사자료집』, 10·12·27집, 1989 ; 독립운동사편찬위원회, 『독립운동사자료집』 4, 1973.

살펴보고자 한다.

특히 본고에서는 현재 하남시가 속하는 동부면과 서부면에서의 만
세시위가 광주군지역 3·1운동과정에서 나타내고 있었던 역사적 위상
과 성격에 대해 강조해 보고자 하는데 본고의 이러한 노력은 궁극적으
로 3·1운동 지역사연구의 한 부분을 보다 명확하게 재구성하는데 기
여할 수 있을 것으로 생각된다.

2. 광주군지역 3·1운동사 서술에 대한 검토

광주군의 3·1운동에 대한 독립운동 진영의 최초의 언급은 박은식
이 『한국독립운동지혈사韓國獨立運動之血史』(1920)에서 일제의 삼엄한 통
제 때문에 상세하고 확실한 조사 자료를 얻기는 어려웠다는 전제 하에
작성한 <표 1>의 일람표(1919년 3월 1일부터 5월 말일)에서였다. 그런데
<표 1>을 통해서 보면 광주군은 경기도 24개 지역 가운데 집회횟수
로는 5번째, 집회 참가 인원수로는 6번째에 해당하는 것으로 나타나고
있다.

『韓國獨立運動之血史』의 경기도 3·1운동 일람표

지명	집회 횟수	집회 인수	사망자수	부상자수	투옥자수	소실 교회	소실 학교	소실 민가
京城	57	570,000	5	692	1,200			
開城	28	3,800		140	76			
廣州	21	7,500						
高陽	19	2,500	3		158			
平澤	7	800	64	100	7			
加平	28	3,200	23	50	25			
江華	2	400	7	51				
富平	6	950		52	98			

지명	집회 횟수	집회 인수	사망자수	부상자수	투옥자수	소실 교회	소실 학교	소실 민가
始興	6	1,950			37			
抱川	4	1,00						
仁川	8	9,00			15			
龍仁	13	13,200	35	139	500			
利川	7	2,300	80	87	62			
振威	8	5,000		74	250			
漣川	3	1,200	12	48				
楊平	4	1,900	21	76	50			
驪州	2	1,000	26	125				
水原	27	11,200	996	889	1,365	15		
竹山	6	3,000	25	160				
長湍	2	700						
安城	13	1,800	51	50	300			
金浦	13	15,00		120	200			
坡州	7	5,000		71	212			
陽城	7	3,500	124	200	125			

또한 <표 2>는 주로 일제측의 자료를 이용하여 1919년 3월 26일부터 28일까지의 광주군 내에서의 3·1운동의 상황을 정리한 것인데 이를 통해서 보면 광주군에서의 시위는 26일부터 28일 사이에 집중된 것으로 나타나고 있다. 그리고 3월 27일 오포면[9]에서는 1,500명의 농민들이 시위에 참여한 가운데 일본헌병의 발포로 사망 6명, 부상 10명이 발생한 것으로 보인다.

---

9) 3월 27일의 오포면에서의 시위는 뒤에서 살펴보겠지만 3월 28일 경안면 군청에서 전개되었던 오포면과 경안면의 연합시위를 의미하는 것으로 보인다.

10) 국사편찬위원회, 『한국독립운동』 2, 1970, 270·287쪽. 이 자료에 대해 본서에서는 "본문에 이용 혹은 참조한 자료 중에서 운동의 발생과 그 月日 및 운동의 형태 등이 거의 확실하다고 생각되는 것을 골라 정리

〈표 2〉 3월 26~28일까지의 광주군의 시위상황[10]

지역	날짜	인원(명)	운동상황	피해(명)	비고
松坡里	26일	300	농민이 주도하여 면사무소와 헌병출장소를 襲擊		
水西里	26일	300	면사무소에 殺到		
寺岩里	26일	500	示威		
樂生面	27일	600	示威		
五浦面	27일	1,500	농민이 주도하여 示威	사망 6, 부상 10	발포
中部面	27일	300	면사무소 襲擊		
東部面	27일	300	면사무소 襲擊		
西部面	27일	1,000	면사무소 襲擊	사망 2, 부상 10	발포
邑內	28일	2,000	농민이 주도하여 郡廳 습격	사망 7, 부상 9	발포
	3월~5월	75,000	21회의 시위가 있었음		

그런데 이 같은 피해는 조선군참모부朝鮮軍參謀部가 3월 26일부터 4월 5일까지 전국에서 일어난 230여 건의 시위에 대해 조사한 통계와 비교해 보아도 3월 31일 양주군 소접면搔接面에서의 사상死傷 20여 명, 4월 1일 평북 정주定州에서 사상 30여 명, 4월 1일 충남 병천倂川 사死 13, 상傷 약간, 4월 1일 충남 병천 사死 14, 상傷 2, 4월 3일 강원도 홍천군洪川郡 도관리道寬里 사死 7, 상傷 2 정도를 제외하면 오포면의 시위에서는 비교적 큰 피해가 있었던 것으로 나타나고 있다.[11]

한편 광주군지역의 3·1운동에 대한 자료의 수집은 1970년을 전후하여 본격적으로 이루어졌던 것으로 보이는데 문제는 각각의 내용이 서로 다른 설명을 하고 있는 경우가 있어서 검토의 여지가 있는 것으로 보인다. 우선 1969년에 출간된 이용락李龍洛의 『3·1운동실록運動實錄』에 수록된 '광주군廣州郡 실촌면實村面 의거'에서는 당시 운동을 주

────────────

작성한 것이며, 앞으로 자료의 보완에 따라 표도 表도 보완이 필요할 것이다"라고 하였다.
11) 「3月26日より4月5日に至朝鮮騷擾事件に關する狀況報告の件(202, 附錄)」. 김정명, 앞의 책, 528~541쪽.

도했던 만선리晚仙里의 이병승李秉昇의 증언을 수록하고 있는데 그는 당시의 상황을 아래와 같이 증언하고 있다.

즉시 의거할 것을 결심하고, 당시에 유명한 재사요 훌륭한 청년인 봉현리鳳峴里 문홍규文鴻圭를 찾아가서 서울서 보고 온 현상을 이야기하고, 독립선언서를 보인 후 거사할 것을 모의하니, 홍규鴻圭는 곧 응낙하였다. 그러므로 분발하여 한적한 홍규鴻圭 집에서 선언문도 등사하고 격려문도 작성하여 등사한 후, 홍규鴻圭로 하여금 격려문을 배포하는 동시에 동지를 많이 규합하였다. 그 격려문 내용은 "조국 광복 운동에 면민이여 빠짐없이 총궐기하자!"라고 게재하였다. 준비가 완료된 후 거사일은 삼三월 십이十二일로 결정하고, 집합 장소는 실촌면소實村面所 앞 광장으로 지정하였다. 그날 이병승李秉昇은 '대한 독립만세'라고 쓴 큰 기를 높이 들고 선두에서 동민을 인솔하고 지정 장소로 향하는 도중에, 미리 오여첨吳呂添의 연락받은 각 동리 사람들이 점점 증가되어 수백 명의 군중이 면소 앞에 집합하였다. 병승秉昇은 선언문을 낭독하고 독립에 대한 취지를 일一장 설유한 다음, 힘차게 대한 독립만세를 삼三창하니 군중은 따라 모두 호응하여 만세소리가 진동하였다. 그러나 면직원은 한 사람도 현장에 대한 참가하지 않았으므로 대단히 유감으로 생각했던 문홍규文鴻圭는 면소에 들어가서 면장 구연복具然福에게 "당신이 비록 일정한 공직에 있을지라도 본래 한국 혈족이라 우리 독립운동에 좌시하고 있어야 할 것인가?"라고 꾸짖고 참가하라고 권유하니, 그때야 구具 면장은 각오했던지, 사과하고 직원 일동을 인솔하고 시위운동에 나섰다. 관민이 단합하여 만세를 부르며 한길로 행진할 때 독립만세 소리에 오향산五香山이 진동하였다. 이 때 표리가 부동한 구 면장은 자기 신변만 생각하고 군중의 눈을 피해서 비밀히 소사를 시켜 곤지암昆池岩 헌병대로 밀통한 것을 감쪽같이 몰랐던 군중은 의기양양하게 곤지암을 향하였다. 그러나 도중 별안간 총소리가 들리고 헌병들이 들이닥쳤다. 이쯤에 군중은 적소공권이라 대항할 수 없어 산곡으로 피신하였다. 따라오는 헌변들은 총탄을 무차별 난사하여 총살, 또 부상자가 많이 났다.[12]

---

12) 李龍洛, 『3·1運動實錄』, 1969, 431~434쪽.

즉 위의 내용에서 보면 실촌면에서의 만세운동은 이병승이 봉현리 鳳峴里의 문홍규文鴻圭와 이선리李仙里에 오여첨吳呂添과 함께 만세운동 을 계획·지도하였으며, 3월 12일 실촌면 면사무소 앞에서 시작된 만 세시위는 수백 명의 주민이 참여한 가운데 이루어졌던 것으로 나타나 고 있다. 또한 시위과정에서, 면장 구연복具然福과 직원들은 문홍규의 권유로 마지못해 시위에 참여하였고 군중들이 곤지함을 향해 진출하 던 도중 면장의 신고로 출동한 헌병이 발포하면서 수많은 사상자가 발 생한 것으로 나타났다고 하고 있다.

따라서 위의 내용대로라면 광주군의 3·1운동은 3월 12월에 촉발되 었으며, 시작부터 상당히 과격한 양상을 나타내고 있었다고 하겠다. 그 러나 현재 이 증언을 객관적으로 입증하기는 어려운 상황이라는 것이 일반적 견해이며,13) 일제의 다른 기록에서는 1919년 4월 6일 오수식 吳壽植의 주도로 전개된 실촌면 시위에서 약 400명의 시위대가 면사무소 에 이르러 면장을 협박하여 만세를 부르게 하였다고 하고 있어서 서로 다른 기록이 있는 것을 확인할 수 있다.14) 따라서 실촌면의 만세운동 에 대해서는 보다 객관적인 자료의 검토가 필요할 것으로 생각된다.15)

---

13) 증언에 따르면 오여첨은 당시 구장으로 연락원이 되었다고 하여 서대 문형무소에서 1년 6개월 동안 옥고를 치뤘다고 증언하고 있다. 그러나 이병승과 문홍규 및 오여첨의 활동을 객관적으로 증명할 만한 자료가 없으며, 특히, 『3·1運動實錄』은 그 서문에서도 '체계를 세워 학술적으 로 정리한 것이 아니며, 필자 자신도 '이 책의 기록이 완전한 事實 그것 과는 다소 거리가 있을 수 있을 것임을 말해두는 수밖에 없다'고 하여 그 신빙성에 문제가 있는 것으로 생각된다. 또한 앞의 『경기도항일독립 운동사』, 443쪽에서도 같은 이유로 이병승의 증언에 문제있음을 지적 하고 있다. 실제로 국가보훈처의 공훈전자사료관에서도 이들의 기록을 찾을 수 없었다.

14) 김정명, 앞의 책, 593쪽.

또한 독립운동사편찬위원회가 출간한 책,『독립운동사 - 삼일운동사(상)』(1971)에서는 광주군 일대가 3월 23일 이후 서울의 영향을 받아 밤에는 봉화를 올리고 만세를 불렀으며, 낮에는 시위행렬을 만들어 면사무소와 군청 등으로 몰려가 만세시위를 하였다고 서술하였다.[16]

그리고『광주군지廣州郡誌』(1990)에서는 구체적인 전거를 밝히지 않은 채 3월 19일 경안면 소재지에서 1,000여 명의 주민들이 모여 만세시위를 전개하였으며, 헌병과 경찰의 무차별 총격으로 사망 5명, 상해 5명, 피검 77명에 이르는 등 광주군의 만세시위에서 가장 큰 규모의 피해가 있었다고 하였다. 뿐만 아니라『광주군지』에서는 27일 경안면의 천변에서 수천 명이 모여 만세를 불렀으며, 이날 시위로 사망 5명, 사상자가 10명이 났다고 하였다.[17] 그러나 이 경우도 1959년에 간행된 이병헌의 『삼·일 운동비사三·一 運動秘史』에서는 경안면 천변에서 수천명이 모여 만세를 부른 것으로만 정리되어 있다.[18]

이밖에 앞에서 <표 2>로 제시했던 국사편찬위원회의 『한국독립운동』2(1970)에서는 3월 28일 광주군 읍내[19]에서도 2,000명의 농민이

---

15) 앞의,『廣州郡誌』355~356쪽. 이밖에도 광주군지에는 광주지역의 3·1운동의 전개와 관련하여 다양한 내용들이 서술되어 있는데 검토가 필요한 것이 아닌가 하는 생각이 든다.

16) 독립운동사편찬위원회,『독립운동사 - 삼일운동사(상)』제2권, 1971, 141쪽.

17) 앞의,『廣州郡誌』356쪽. 이 책에서는 광주군의 시위운동과 관련하여 다양한 내용을 서술하고 있으나 정확한 전거를 밝히고 있지 않아서 보다 정확한 사료상의 검토가 필요할 것으로 생각된다. 실제로『광주군지』에 따르면 또한 3월 29일 南終面에서도 시위가 벌어질 예정이었으나 일본 경찰에 의해 미연에 방지되었으며, 30일에는 退村面 光東里의 주민들이 중심이 되어 시위를 전개하려 했으나 역시 미연에 방지 되었다고 한다.

18) 앞의,『三·一 運動秘史』, 874쪽.

19) 광주읍은 1910년 慶安面으로 편성되었으며, 1917년 중부면 山城里에

군청을 습격하는 시위를 전개하였으며 일제 군경의 발포로 7명이 사
망하고 9명이 부상당한 것으로 되어있다.[20]

따라서 이상의 내용을 종합해 보면 3·1운동 당시 광주군에서의 만
세운동에 대한 기록은 비교적 다양하게 정리된 측면이 있는 것으로 보
이는데 각각의 내용이 보여주는 기록상의 차이에 대해서는 보다 객관
적인 자료의 검토가 필요할 것으로 생각된다.

3. 하남·광주지역의 항일전통과 초기의 3·1운동

1) 의병전쟁과 항일전통

3·1운동 이전 하남·광주지역의 항일전통은 의병전쟁과 애국계몽운
동을 경험하면서 지속적으로 성장했을 것으로 보이는데 특히 의병전
쟁의 경험은 민중들의 항일의식을 크게 고취했을 것으로 생각된다.

1894년 동학혁명東學革命이 발발하자 일본은 신속하게 조선에 군대
를 파견하였으며, 청일전쟁을 도발한 후 전쟁에 승기를 잡으면서 조선
에 대한 식민지화를 본격화하였다. 일제는 청일전쟁을 수행하면서 조

있던 군청이 이곳으로 옮겨오면서 郡의 중심지가 되었다고 한다. 앞의,
『廣州郡誌』, 90쪽.

20) 앞의, 『한국독립운동』2, 1970, 287쪽. 뿐만 아니라 이 책에서는 『朝鮮
總督府 大正 八年 騷擾事件에 관한 復命書』를 이용하여 광주군 내에
서는 3월 27일 경안면 卽死 5명, 傷 10명, 3월 27일 서부면 卽死 1명,
傷 2명, 3월 27일 구천면 卽死 2명, 傷 10명이라고 하고 있다. 이밖에
<표 2>에서는 3월 26일 寺岩里에서 500명의 군중이 모여 시위가 있
었다고 되어 있는데 寺岩里는 岩寺里로 생각되며, 이 기록의 경우도 사
실관계의 확인이 필요한 것으로 보인다.

선에 대한 군사적 압박을 강화하는 동시에 다른 한편으로는 갑오개혁의 연장선상에서의 내정간섭을 강화해 가고 있었다. 그러나 일제에 의해 강요된 측면이 강하게 부각되면서 갑오개혁은 재야 유생을 비롯한 민중들의 비판과 반발에 직면하였으며, 국망國亡의 시기까지 전국적인 항일의병을 촉발하는 계기가 되었다.

조선에 신속하게 군대를 파병하여 청일전쟁을 도발한 일제는 조선을 식민지화하기 위한 작업에 본격화하기 시작하였다. 한편으로는 조선에 대한 군사적 압박을 강화하면서 다른 한편으로는 갑오개혁의 연장선상에서 내정간섭을 강화해가고 있었다. 갑오개혁이 재야의 유생들을 비롯한 민중들의 비판과 반발, 나아가서 반일감정을 고조시키는 결과를 초래한 것도 이러한 맥락에서였다고 할 수 있다. 한말의 의병은 일제의 침략으로 야기된 이 같은 긴박한 상황 속에서 전개되었으며, 항일구국의 기치아래 전국적인 의병항쟁이 국망國亡의 시기까지 지속되고 있었다.

하남·광주지역의 의병전쟁은 1895년의 전기의병 이후 지속적으로 전개되었는데 전기의병인 을미의병乙未義兵의 경우 민중들은 서울에 가장 근접한 군사적 요충지인 남한산성南漢山城을 중심으로 형성된 의병부대를 중심으로 활동하고 있었다. 그리고 남한산성 의진義陣의 활동이 본격화되자 당시 일본의 『동경조일신문東京朝日新聞』에서는 "남한산성 안의 적(의병－필자)은 약 1,600명이며, 이 중에 천명은 광주, 이천, 양근(양평－필자)의 포군, 즉 구 지방병이고 나머지 600명은 광주의 농민이다. 그리고 적의 괴수는 광주의병장 심영택沈榮澤, 이천의병장 박주영朴周英, 양근楊根의병장 이석용李錫容 등 3명이다"[21]라고 하여

---

21) 하남시·하남역사문화연구회 편, 『하남의 역사와 문화』, 국학자료원, 199~202쪽 재인용.

의병부대의 주력이 광주군의 포군과 농민이었음을 밝히기도 하였다. 한편 이 시기의 심영택 의병은 1896년 2월 23일 남한산성을 장악하여 활동의 근거지로 삼고 있으면서 광주군수 박기인朴基仁을 처단하는 등의 활동을 전개하고 있었던 것으로 보인다.

이후 광주군에서의 의병전쟁은 1905년 11월 을사늑약의 체결을 전후하여 다시 고조되었는데 광주군에서의 의병의 활동은 이 지역에서 편성된 의병과 다른 지역에서 이동해온 의병의 활동이 서로 혼재되어 나타나고 있었다. 우선 1905년 6월에는 약 200명의 규모로 편성된 의병이 부호의 재물을 군자금으로 확보하고 총기를 수집해 갔다는 기록이 있으며,[22] 황현黃玹의 『매천야록梅泉野錄』에서는 1905년 5월(음) '지평砥平 이문호李文鎬와 광주의 구만선具萬善, 원주原州의 원용팔元容八 등이 의병을 일으켰다'고 하여 광주지역이 을사의병 초기의 선봉지역이었음을 밝히기도 하였다.[23] 뿐만 아니라 1907년 8~10월에는 일제의 정보기록에서도 이(광주-필자) 일대가 '완전히 폭도가 유린하는바 되었다'고 할 정도로 의병의 활동이 왕성했던 것으로 나타나고 있다.[24]

또한 1907년 8월에는 양지출신의 전 주사 임옥여任玉汝 의병이 광주군 실촌면에 출현하여 원주의병장의 이름을 사용하며, 포군 70여 명을 모집한 뒤 용인·안성 방면으로 이동하면서 일본군과 교전하였다.[25] 또한 1908년에 들어서는 1월 4일 18명의 의병이 경안면 중대동中垈洞에서 일본군과 교전하였으며, 6월 4일에는 일단의 의병이 광주 관동官

22) 『皇城新聞』 1905년 6월 6일.
23) 황현 저 / 김준 역, 『매천야록』, 교문사, 1994, 599쪽.
24) 朝鮮總督府 警務局, 『暴徒史編輯資料』, 한국독립운동사편찬위원회편, 『독립운동사자료집』 3, 1971, 513~514쪽.
25) 하남시사편찬위원회, 『역사도시하남』, 2001, 385쪽.

洞에서 일본군 4명을 처단하였고[26] 8월에는 오포면五浦面 자작리自作里 북방 고지에서 10여 명의 의병과 일제의 수비병이 교전하기도 하였 다.[27]

이밖에 일제 경찰의 정보문서에서는 1908년 10월에는 서부면西部面 감감동甘甘洞에 의병장 금병길琴炳吉의 부하部下가 나타나 활동 중에 출 동한 일경에 의해 체포되어 사살되기도 하였으며,[28] 군자금을 모집하 던 의병 2명을 체포하기 위해 경찰관 2명과 헌병 6명이 출동하였으나 체포에 실패하기도 하였다.[29] 1908년 11월에는 동부면東部面과 서부면 西部面에 의병이 나타나서 군자금 모집을 위한 '회장문回章文'을 배포하 였으며,[30] 1909년 1월에는 남면南面부근에서 임문순林文淳을 의병장으 로 하는 100여 명의 의병이 유인석柳麟錫과 연락을 취하며 활동하고 있었는데 이들은 인민들의 재산에 대해서는 조금도 침해하지 않을 뿐 아니라 농민과 상민에 대해서는 그 생업에 힘쓰도록 권고하기 때문에 진정한 의병이라고 칭송되기도 하였다.[31] 이후 광주군에서의 의병의 활동은 1910년 6월 16일에도 광주군 오현烏峴에서는 의병과 일제 헌 병 간에 충돌이 있었으며, 헌병 추격대는 의병을 추격하였으나 실패한

---

26) 앞의, 『하남의 역사와 문화』, 207~209쪽.
27) 앞의, 『한국독립운동사 자료』11(의병편Ⅳ),「水原警察署長 警視」, 隆 熙 二年(明治 四一)八月.
28) 앞의, 『한국독립운동사 자료』12(의병편Ⅴ),「廣州郡 西部面 甘甘洞 洞民의 密報」, 隆熙 二年(明治 四一) 十月.
29) 앞의, 『한국독립운동사 자료』12(의병편Ⅴ),「暴徒에 關한 件 水原警 察署長 報告要領」, 隆熙 二年(明治 四一) 十月.
30) 앞의, 『한국독립운동사 자료』12(의병편Ⅴ),「京畿道暴徒에 關한 件」, 隆熙 二年(一九○八・明治 四一) 十一月.
31) 국사편찬위원회, 『統監府文書』,「情報(京畿道), 暴徒首領 林文淳 외 百餘名 廣州地方 俳徊 件」, 憲機第五號 明治四十二年一月四日.

것으로 나타나고 있다.[32]

또한 광주군에서는 애국계몽운동의 일환으로 교육운동이 전개되고 있었는데 1908년 1월 윤효정, 이상재, 유근 등이 민족자강을 위한 교육진흥과 지역개발을 목표로 조직했던 '기호흥학회畿湖興學會'의 지부支部가 설립되어 활동하고 있었다.[33] 당시 경기도지역에서는 광주, 수원, 양근, 장단, 교화, 강화, 풍덕 등에 기호흥학회의 지부가 설립되어 있었는데, 광주군에서 임원으로 활동했던 인물로는 회장會長 이윤종李胤鍾, 부회장副會長 안엽安燁, 총무總務 석경환石瓊煥, 회계원會計員 조성준趙成俊, 이동현李東鉉, 서기원書記員 김교열金敎悅, 김현승金顯承 등이 활동하고 것으로 파악되고 있다.[34]

기호흥학회는 1910년 9월 일제의 '정당해산령'에 따라 강제 해산당할 때까지 민족의 실력양성을 위한 '흥학興學'활동 즉 교육운동에 매진하였던 것으로 나타나고 이는데 이러한 경향은 광주군지역에서도 동일했을 것으로 생각된다. 실제로 1909년 2월에 간행된 『기호흥학회월보』 제7호에 게재된 '학계휘문學界彙聞'에서는 '광주군廣州郡 私立廣興學校 교사私立廣興學校 교사敎師 강원달씨康元達氏는 풍우風雨를 불피不避ᄒ고 성심교수誠心敎授홈으로 학도學徒가 일백오십명一百五十名에 달達ᄒᆫ다'는

---

32) 「京畿道廣州郡內에서의 憲兵과 賊徒가 衝突」, 『暴徒에 關するᄒ編册』, 1910년 6월 21일(국가보훈처 공훈전자사료관).

33) 독립기념관 독립운동사연구소, 「기호흥학회」, 『독립운동사사전』 3, 2001.

34) 「本會記事 支會任員及會員名簿 廣州郡」, 『畿湖興學會月報』 第2號, 1908년 9월 25일. 이밖에 임원으로는 '評議員 宣永淳, 金晒洙, 朴齊璇, 任麟宰, 全昌鎭, 具滋鳳, 宣永參, 劉興烈, ○敎行, 李秉秀, 李勳鍾, 李秉懿, 安泰遠, 南大熙, 鄭煥敎, 敎育部長 康元達, 財政部長 石磯煥, 幹事員 石東煥, 許鉇, 李鳳夏, 金俊賢, 李淳永, 尹時勳, 金翼, 龍漢彩, 李龍植, 宋南顯 등이었던 것으로 나타나고 있다.

기사가 게재되었던 것으로 보아 광주군에서의 교육운동은 일정하게 성과를 거두고 있었던 것으로 보인다.[35]

이밖에 1905년 12월에는 일본일 약제상 1명과 조선인 통역관이 광주군 신주막新酒幕에서 사살당하는 사건이 발생하기도 하였으며,[36] 1910년에는 한일병합韓日併合이 강행되자 '합방合邦'에 반대하는 상소운동이 전개되기도 하였다. 낙생면樂生面 판교리板橋里에 거주하는 전 병사 권세환權世煥과 양지군陽智郡 주덕면朱德面에 거주하는 전 승지 목상헌睦相憲은 12월 16일 스스로 주창자가 되어 유지 10여 명과 함께 연명으로 모두 합방문제를 공격하는 뜻으로 건의서를 이내각총리대신李內閣總理大臣(이완용-필자) 앞으로 발송하였던 것으로 나타나고 있다.[37]

---

35) 「學會彙間」, 『畿湖興學會月報』 第7號, 1909년 2월 25일.
36) 『駐韓日本公使館記錄』, 「殺人事件ニ關スル搜査ノ件」, 顧警第二〇一號. 明治三十八年十二月二十八日. "前日 보고 드린 京畿道 廣州郡 新酒幕에서 일본인 및 통역 한인 각 1명의 살해사건에 관하여 그 후 엄밀히 수사한 결과 범죄 혐의자는 한인 8명으로 이를 포착하였을 뿐 아니라 범인 중 首謀者로 인정되는 鄭昶熙 소유의 畑地(新酒幕으로부터 南方 약 60리 떨어진 곳)에다 은닉해 놓은 두 사람의 사체와 소지품을 발견하여 그 소지의 호적등본에 의하여 일본인은 愛知縣 東春日井郡 味美村 235번지 柴田房次郎 明治 6년 1월 20일생인 것이 판명되었다. 또 한인의 성명은 아직까지 알 수 없으나 두 사람 모두 복장에 中央藥館의 휘장을 달고 있고 또 同館의 광고와 10여 종의 賣藥을 넣은 가방을 가지고 있는 것으로 추측할 때는 同館의 賣藥人이 틀림없어 同館에 대하여 취조의 수속을 해놓았으므로 머지않아 판명될 것으로 사료됨. 시체의 상황은 두 사람 모두 손발을 꽁꽁 묶여 전신 타박상으로 그 참혹한 상태는 볼 수가 없었다. 특히 일본인은 후두부의 두개골이 깨져있었다. 그리하여 그 시체는 검시를 끝낸 다음 근방에 있는 安山에다 가매장을 하고 묘표를 꽂아놓았다."
37) 국사편찬위원회, 『통감부문서』, 「日韓合邦問題ニ關スル件」, 憲機第二五七九號, 明治四十二年十二月二十四日.

따라서 3·1운동 이전 광주군은 강력한 의병전쟁이 전개되었던 항일전통의 중심지였으며, 애국계몽단체의 교육운동이나 합방반대 상소운동 등을 통해 애국적 항일 분위기를 견지하고 있었다고 하겠다.

2) 3·1운동 전파와 초기의 시위양상

1910년 이후 일제의 무단적인 식민지 수탈 정책에 대한 저항적 분위기와 제1차 세계대전 이후 미국의 윌슨 대통령이 주창한 민족자결주의의 영향력 및 고종의 독살설 영향 하에 국내에서는 대대적인 민족운동의 기운이 고조되고 있었고 1919년 3월 1일 서울에서 3·1운동이 폭발하였다.[38]

3·1운동의 열기는 그 진원지인 서울에서부터 경기도 지역으로 급속히 확산되었는데 3월 3일에는 개성에서, 5일과 7일에는 서울에서 가까운 고양군과 시흥군에서, 9일에는 인천, 10일에는 파주와 양평, 11일에는 안성에서, 그리고 양주에서는 13일부터 15일까지 만세운동이 전개되었다. 또한 경기도에서의 만세운동의 절정기는 3월 하순부터 4월 상순까지였는데 경기도 전체의 시위 횟수인 283회에 90%에 달하는 254회의 시위가 이 시기에 집중되었다.[39]

한편 서울에서 시작된 3·1운동의 열기는 광주가 서울과 가까운 지역이었기 때문에 3·1운동을 직접 목격하고 광주로 돌아온 사람들에 의해 전해지는 등 다양한 경로를 통해 광주군 내로 확산되고 있었던 것으로 나타나고 있다. 우선 3월 27일 돌마면突馬面 만세시위를 주도했

---

38) 앞의, 『역사도시하남』, 388쪽.
39) 하남시·하남역사문화연구회 편, 『하남의 역사와 문화』, 국학자료원, 2001, 208쪽.

던 한백봉韓百鳳과 한순회韓順會의 경우는 1919년 2월말 경 고종高宗의 장례식에 참석하기 위해 상경했다가 3·1운동을 직접 목도하고 돌아와 시위를 준비했던 것으로 보인다.[40] 그런데 한순회[41]는 당시 천도교 광주군지역 교구장敎區長으로 활동하면서 신도信徒들의 성금誠金을 서울에 있는 천도교 중앙총부에 납부하는 일을 담당하고 있었으며, 4월 22일과 5월 13일에 천도교 중앙총부에 성금을 납부했던 것으로 나타고 있다.[42] 대체로 그는 3·1운동과 관련하여 이천·여주·원주·충북지역에 대한 연락을 담당했던 것으로 보인다.[43]

<표 3>은 당시 광주군 교구에서 걷었던 성금 현황인데 이를 통해서 보면 적어도 돌마면, 낙생면, 대왕면, 삼성면, 광안면, 도상면의 천도교인들은 교단조직을 통해 3·1운동의 전개 상황을 상대적으로 신속하고 상세하게 전달 받거나 인지하고 있었을 것으로 보이며, 이는 천도교 교단 조직이 광주군지역 3·1운동 확산에 기여했을 가능성을 보여주는 것이라고 하겠다.[44] 이밖에 3월 27일에는 언주면彦州面 내곡리

---

40) 앞의, 『경기도항일독립운동사』, 435쪽.

41) 이후 한순회는 광주군 天道敎區長을 지냈으며, 1927년 8월에는 新幹會 광주지회가 설립되는 과정에서 지회장으로 선출되기도 하였다. 아울러 천도교 중앙교회 奉道로서, 1933년 이후에는 金在桂, 崔俊模와의 협의 하에 일제 구축과 조국독립을 기원하는 의미는 특별기도문을 만들어 신자들로 하여금 매월 식후마다 외우게 하는 등 민족운동에 참여했던 것으로 보이며, 1938년 3월 4일에는 制令 제7호 위반으로 피체되었던 것으로 나타나고 있다(국가보훈처, http://www.mpva.go.kr/).

42) 「證人 韓順會 調書」, 국사편찬위원회, 『韓民族獨立運動史資料集 10 (三一運動과 天道敎誠米)』, 1992.

43) 앞의, 『三·一 運動秘史』, 874쪽.

44) 이밖에 3월 27일 彦州面 內谷里에서는 100여명의 주민이 천도교 전교실에 모여 만세를 불렀다고 한다. 앞의, 『廣州郡誌』, 357쪽. 또한 3·1운동 당시 천도교계 민족대표에 한 사람 이었던 正庵 李鍾勳은 실촌면 柳

內谷里에서는 천도교 전교실에서 수백 명이 집합하여 만세를 부르기도 하였다.[45]

또한 실촌면實村面 이선리二仙里의 구장이었던 오수식吳壽軾의 경우는 3월 초순에 조선 각지에서 조선독립시위운동이 일어났음을 전해 듣고 '이에 찬동하여' 3·1운동에 참여했다고 하였으며,[46] 동부면 망월리望月里의 구장이었던 김교영은 3월 20일경 성명 미상의 타인으로부터 조선 각지에서 만세운동이 전개되고 있음을 전해 듣고 이에 찬동하여 망월리에서의 만세운동을 준비했다고 하고 있었다.[47]

〈표 3〉 천도교 광주군 교구의 성금 현황[48]

성명	주소	금액	비고
韓順會	突馬面 栗里	10,000	본인 등은 모두 신도 總代로서 각 신도들이 갹출한 것을 수금·납부한 것이다.
韓致伯	廣州郡 樂生面 金面里	11,000	同
金定奉	廣州郡 樂生面 石雲里	5,500	同
朴武浩	廣州郡 大旺面 梧野里	12,500	同
洪淳敬	廣州郡 參城面 內南里	18,380	同
洪鍾秀	廣州郡 廣安面 驛里	7,800	同
崔龍雲	廣州郡 都上面 祥林里	11,000	同
합 계		76원 18전	65원 18전은 中央總部에 납입(殘金 11원은 韓順會가 소지하고 있는 듯함)

餘里 출신이었다. 조성운, 「正庵 李鍾勳의 국내에서의 민족운동」, 『崇實史學』 25, 159쪽.
45) 앞의, 『三·一 運動秘史』, 874쪽.
46) 앞의, 『독립운동사자료집』 5, 「吳壽軾判決文」.
47) 앞의, 『독립운동사자료집』 5, 「金敎永判決文」
48) 앞의, 「天道敎徒에 對한 調査의 件」, 『韓民族獨立運動史資料集』 10 (三一運動과 天道敎誠米).

뿐만 아니라 3월 27일 서부면에서의 만세시위를 주도했던 구희서具
義書의 경우는 재판과정에서 '경성의 어떤 학생의 협박으로 부득이 민
중을 지휘 인솔하여 서부면 사무소 및 상일리 헌병주재소에 이르렀으
며, 그 곳에서 군중과 함께 만세를 불렀다'고 진술하기도 하였다.[49] 뿐
만 아니라 3월 26일 이후 동부면에서의 만세운동을 주도했던 이대헌
李大憲의 경우도 최창근崔昌根이라는 자로부터 '조선 각지에서 조선독립
시위운동이 일어났음을 전해 들었다'[50]고 밝히고 있다.

따라서 이상의 내용을 종합해 보면 서울에서 3·1운동이 촉발된 이
후 광주군지역은 서울에서의 3·1운동에 직접 참여한 인물이나 천도교
교단의 활동이나 학생을 비롯한 외부 인물들의 활동을 통해 비교적 광
범위하게 3·1운동 발발 소식을 접할 수 있었으며, 운동에 동참할 것을
결정했던 것으로 보인다.

한편 광주군지역 3·1운동의 초기 전개과정은 몇 가지 특징을 나타
내고 있었는데 우선 광주군에서의 3·1운동은 3월 21일에 중대면中垈面
송파리에 거주하던 장덕균張德均[51]과 김준현金俊賢이 각각 『조선독립신

---

49) 독립운동사편찬위원회편, 『독립운동사자료집』 5, 「具義書判決文」, 1972.
50) 앞의, 『독립운동사자료집』 5, 「李大憲判決文」.
51) 앞의, 『독립운동사자료집』 5, 「張德均判決文」. "피고는 전부터 조선독
    립을 희망하고 있던 자인 바, 대정 8년 3월 1일 손병희 등이 조선독립
    선언을 하자 크게 그 취지에 찬동하여 金俊賢이란 자와 공모한 후 정치
    변혁의 목적으로 정치에 관한 불온문서를 인쇄, 이를 타인에게 반포하
    려고 꾀하여 동월 21일 경 피고의 집에서 당해 관청의 허가를 받지 않
    고서 『宣言書』라 제한 '조선의 독립국임과 조선인의 자유민임을 선언
    하며 강권 침략주의인 일본 제국의 굴레를 벗어나려면 모름지기 민족적
    독립을 확실하게 함에 있다'는 불온한 취지를 기술한 문서와 『朝鮮獨
    立新聞』이라 제한 위 선언서의 취지에 관련된 불온한 뜻을 논술한 문
    서를 원지에 베낀 후 이를 등사판을 사용, 위 문서 합계 50매를 인쇄하

문朝鮮獨立新聞』[52] 30장과 독립선언문 20부를 인쇄하여 송파리 주민 정석호鄭錫浩 등에게 배포하며 주민들의 민족의식을 고취하였으며, 그 연장선에서 3월 26일에 송파리의 주민 300여 명이 참가하여 전개했던 만세운동이 현재 광주군 내에서의 첫 번째[53]의 만세운동이었던 것으로 보인다.

　이날의 시위는 천중선千重善·이시종李時鍾 등이 주도했는데[54] 총독부 기관지였던 『매일신보每日申報』 3월 29일자에서는 '광주군 송파리에서 26일에 약 300명의 군중이 모여서 면사무소와 헌병주재소를 습격하고 폭행을 하였다'라고 보도하였으며,[55] 조선군헌병사령관의 보고서에도 "광주군 송파리에서 폭민暴民 300명이 면사무소를 습격하여 폭행暴行한 후 해산하였다"[56]라고 하고 있는 것으로 보아 광주군에서

여 동월 25일 경 피고의 집에서 그 중 2매를 피고의 동리 鄭錫浩에게, 또한 같은 동리의 漢江 건너에서 그 중 1매를 성명 미상자에게 반포함으로써 독립운동을 선동하여 안녕 질서를 방해한 자이다"

52) 尹炳奭, 「朝鮮獨立新聞의 拾遺」, 『中央史論』 제1집, 중앙대학교 사학과, 1972. 3·1운동 당시 천도교 교인이며 普成法律商業學校 교장이 이었던 尹益善이 李鍾一 등과 협의 하에 교단 주도로 발행한 것이었으며, 3·1운동 당시 발행되었던 지하신문 가운데 가장 대표적인 것이었다.

53) 광주군의 만세운동이 3월 26일부터 시작되었다고 보는 연구로는 다음과 같은 것들이 있다. 한국독립운동사편찬위원회, 『국내 3·1운동』 Ⅰ, 2009, 67쪽 ; 경기도사편찬위원회, 『경기도사』 제7권, 2006, 160쪽 ; 앞의, 『경기도항일독립운동사』, 425쪽.

54) 앞의, 『독립운동사자료집』 5, 「千重善判決文」. 천중선은 재판과정에서 "수백 명의 군중과 함께 만세를 부르며 송파리를 돌아다녔다"고 증언하기도 하였다.

55) 「광주 주재소를 습격」, 『매일신보』 1919년 3월 29일. 이후 중대면에서는 27일에도 尹道吉의 지휘하에 면민들이 또한 한 차례 만세시위를 전개했다고 한다. 앞의, 『廣州郡誌』, 357쪽.

56) 「朝鮮に於ける獨立運動に關する件」(密第202호), 梶村秀樹·姜德相編,

의 만세시위는 시작부터 투쟁적인 형태를 띠며 전개되었던 것으로 보인다.

또한 송파리에서의 만세시위에 참여했던 이시종李時鍾은 이후 자신의 거주지인 대왕면 수서리水西里로 장소를 옮겨 만세운동을 주도함으로써 광주군지역 3·1운동이 확산되어가는 양상의 일면을 보여주기도 하였다.

> 피고 이시종은 조선 각지에서 일어난 조선독립운동에 찬동하여 대정 8년 3월 26일 (음력 2월 25일) 오후 3시경부터 동 6시경까지 사이에 경기도 광주군 중대면中垈面 송파리松坡里에서 조선독립시위운동을 하고자 집합한 300여 명의 이민과 함께 조선독립만세를 같이 부르고 다시 동일 오후 7시경 광주군 대왕면 수서리에서 이민 100여 명을 규합하여 동면 면사무소 앞으로 몰려가서 같이 조선독립만세를 불렀으며, 또한 '조선은 독립하지 않으면 안된다'는 취지를 기재한 『조선독립신문朝鮮獨立新聞』이란 것을 군중에게 읽어 주며 선동하고 ….57)

위의 내용에서 보면 3월 26일 3시부터 6시까지 중대면 송파리에서 시위에 참여했던 이시종은 같은 날 오후 7시경 제2차로 대왕면 수서리에서 100여 명의 군중이 참여한 만세시위에서 '조선은 독립하지 않으면 안된다'는 취지의 『조선독립신문朝鮮獨立新聞』을 군중들에게 읽어 주는 등 시위를 주도했던 것으로 나타나고 있다. 그런데 이시종이 낭독한 『조선독립신문』은 3월 25일 '친척인 이윤종李胤鍾의 집에 들렀다가 그의 방안 책상위에 있던 것을 빌려온 것'으로 나타나고 있다.58)

『現代史資料』 25, みすず書房, 1972, 152쪽.
57) 앞의, 『독립운동사자료집』 5, 「李時鍾判決文」.
58) 앞의, 『독립운동사자료집』 5, 「李時鍾判決文」. 당시 이시종은 19세로 농업에 종사하고 있었으며, 광주군 대왕면 수서리에 거주하고 있었다.

이밖에 이날 광주군 내 2곳에서는 주민들이 모닥불을 피워놓고 만세를 불렀던 것으로 보이는데, 이는 26일의 시위가 밤까지 계속되면서 지역적으로 확산되어가는 분위기였음을 반영하는 것이라고 하겠다.[59]

따라서 이러한 내용을 통해서 보면 다양한 인물과 경로에 의해 군내郡內로 전해겼던 광주군에서의 3·1운동은 종교조직이나 학생 혹은 지역적 혈연관계나 지연地緣 등을 통해 확산되는 경향을 나타내고 있었던 것으로 보인다. 그리고 시작부터 상대적으로 적극적인 형태의 만세운동이 전개되었다고 하겠다.

그러나 광주군은 경기도지역 20개의 군郡 가운데 섬으로 이루어진 강화도를 제외하고 거의 유일하게 철도가 통과되지 않았던 지역이라는 점에서, 그리고 3·1운동 이전까지 이 지역에 설립된 근대적인 학교로 1911년에 개교한 광주보통학교廣州普通學校와 부설附設 간이농업학교簡易農業學校 및 1912년에 설립된 남한산보통학교南漢山普通學校가 있었을 정도의 교육환경 등으로 인해 3·1운동의 본격적인 전개가 경기도내 다른 지역에 비해 상대적으로 늦은 3월 중순이후부터 구체화되었던 것으로 생각된다.[60] 하지만 광주군은 지형적으로 산세山勢가 험준하고 또한 서울 등 각처로 통하는 도로가 많아서 일제 경찰과 헌병은 광주군의 3·1운동을 조기에 진압하기 위해 철저하게 경계하고 극도로 긴장하고 있었던 것으로 보인다.[61]

59) 「3月26日より4月5日に至朝鮮騷擾事件に關する狀況報告の件(202, 附錄)」, 김정명, 앞의 책, 528쪽.
60) 앞의, 『경기도항일독립운동사』, 426쪽 ; 「公立廣州普通學校等設置認可」, 『朝鮮總督府官報』 263호, 1911년 7월 15일 ; 「大正2年 6月 4日 京畿道廣州郡所在廣州公立普通學校ニ廣州公立簡易農業學校ノ附設ヲ認可ス」, 『朝鮮總督府官報』, 朝鮮總督府 告示 第171號.
61) 앞의, 『三·一 運動秘史』, 874쪽.

4. 하남지역의 만세 시위 擴大와 激化

1) 東部面과 西部面지역에서의 3·1운동

1919년 3월 20일을 전후하여 광주군에서의 3·1운동의 기운이 고조
되자 하남(동부면과 서부면)지역에서도 만세운동을 조직화되고 있었는데
동부면에서의 이대헌李大憲(당시 37세)과 김교영金敎永(당시 62세), 김홍렬金
弘烈(당시 34세) 그리고 서부면에서의 구회서具義書(당시 45세)의 재판기록
을 정리해보면 그 특징의 일면을 확인할 수 있다.

> 피고는 상기 피고가 거주하는 동리의 구장인 바, 최창근崔昌根이란 자
> 로부터 조선 각지에서 조선독립시위운동이 일어났음을 전해 듣자 피고
> 가 거주하는 동리에서도 역시 조선독립시위운동을 하려고 꾀하여 정치
> 변혁의 목적으로 대정 8년 3월 26일 위 피고가 사는 면의 면사무소 앞
> 길가에서 한국 국기 1류(증제1호)를 만들어 두었다가 이튿날 27일 오전
> 2시경 이민 10수 명을 불러 모아 이를 인솔하고 위의 한국기를 휘두르
> 며 피고가 사는 동리에 있는 무명산無名山 꼭대기에 올라가 봉화를 올리
> 고 약 1시간가량 함께 조선독립만세를 연달아 부르다가 오전 3시경 그
> 산꼭대기에서 동면 면사무소 앞으로 몰려가 그 곳에서 약 30분 쯤 같이
> 조선독립만세를 절규한 다음 일단 해산하였으며, 동일 오전 11시경 다
> 시 이민 약 30여 명을 규합, 솔선하여 동면 면사무소 앞으로 가서 동일
> 오후 2시경까지 일제히 조선독립만세를 미친듯이 부름 ….62)

위의 내용에서 보면 동부면 교산리校山里의 구장이었던 이대헌은 전국
각지에서 3·1운동이 전개되고 있다는 소식을 접한 후 26일 만세운동에
쓰기 위해 태극기를 만들어 두는 등의 준비 작업을 진행했던 것으로 보

---

62) 앞의, 『독립운동사자료집』 5, 「李大憲判決文」.

判決

本籍地 京畿道廣州郡東部面枚山里
現住 右同 農
李大憲 (甲辰敎)
年 二十七年

判決原本

右ニ對スル保安法違反ノ被告事件ニ付キ朝鮮總督府檢事代理ノ法官試補藤村美ヲ開廷シ判決スルコト如シ

主文

被告人ヲ懲役二年ニ處ス
押收物件ハ之ヲ沒收ス

理由

被告ハ商業ニシテ被告ノ居住ノ里里洞長

0040

이대헌 판결문, 경성지방법원, 1919.4.29

이대헌의 수형자카드

인다. 이후 그는 27일 밤 2시에 동리 주민 십수 명과 함께 마을 야산
에 올라가 봉화를 밝히며 1시간 동안 횃불시위를 전개하였으며, 3시경
산을 내려와서는 시위대와 함께 면사무소로 진출하여 그곳에서 약 30
분가량 독립만세를 외친 후 일단 해산하였고 오전 11시경 다시 시위
대 30여 명을 모아 오후 2시까지 면사무소 앞에서 만세시위를 전개하
였으며, 출동한 헌병에게 체포된 것으로 나타나고 있다. 시위를 주도
했던 이대헌은 9월 13일 고등법원에서 보안법 위반 혐의로 징역 2년
형을 선고받고 옥고를 치렀으며, 정부에서는 1990년에 건국훈장 애족
장이 추서되었다.[63]

그런데 당시 이대헌의 경우처럼 밤에 산에 올라가 횃불을 밝히는
봉화시위는 지역 간의 연대투쟁과정에서 연락수단으로 이용되는 방식
이었으며, 서로간의 항일의지를 확인하고 격려하는데 큰 효과를 발휘
했던 것으로 추정된다.[64] 실제로 중부면에서도 3월 27일 새벽 남한산
南漢山에서 횃불을 올리며 시위를 전개했던 것으로 보인다. 그런데 중
면에서는 27일 오전에는 다시 수진동壽進洞, 탄리炭里, 탄대리炭垈里 주
민 300여 명이 산성리山城里에 집결하여 만세운동을 시작, 면사무소로
진출하였으며, 중부면장中部面長의 머리를 곤봉으로 구타 실신케 하는
등의 격렬한 시위를 개개하기도 하였다.[65]

또한 3월 20일경에 3·1운동과 관련된 소식을 접했던 망월리望月里

---

63) 국가보훈처, http://narasarang.mpva.go.kr/
64) 앞의, 『역사도시하남』, 391쪽.
65) 「朝鮮各地の獨立運動に關する件(145)」. 김정명, 앞의 책, 433쪽.
   실제로 조선군 헌병사령부의 보고에서도 광주군 山城에서 약 300명이
   집합 폭행하였기 때문에 空砲로 해산시켰다고 되어 있다. 梶村秀樹·姜
   德相 編, 「朝鮮に於ける獨立運動に關する件」(密第102호), 『現代史
   資料』 25, みすず書房, 1972, 153쪽.

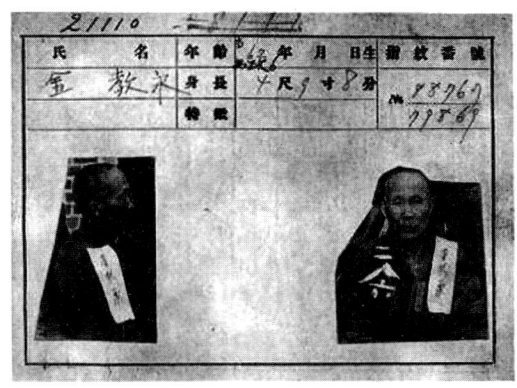

김교영 판결문, 경성지방법원, 1919.4.29

김교영의 수형자카드

의 구장 김교영의 경우는 27일 아침 사환 김용문金用文에게 마을 주민
을 불러 모으게 하여 약 10여 명의 주민들과 함께 동부면사무소로 가
서 오후 1시부터 4시까지 만세를 부르며 시위를 주도했던 것으로 나
타나고 있다.66) 김교영은 4월 29일 경성지방법원에서 보안법 위반으
로 징역 1년 6월을 받고 공소하였으나 6월 2일 경성복심법원에서 기
각, 형이 확정되어 옥고를 치렀으며, 정부에서는 1994년에 건국훈장
애족장을 추서하였다.67)

이밖에 풍산리에서 농업에 종사하던 김홍렬은 26일 오후 10시 동
리 20명의 마을 주민을 모은 후 이들과 함께 산으로 올라가 봉화를 올
리고 독립만세를 외쳤으며, 다음날인 27일 오전 3시까지 만세운동을
주도하였다.

한편 동부면에서의 시위는 27일 오후가 되면서 연합시위로 확대되
었는데 일제측 기록에 의하면 27일 '구천면九川面 길리吉里 및 동부면
면사무소 앞에서 군중이 만세를 高唱했다'고 하여 동부면과 구천면의
주민들이 연합시위적 성격의 만세운동을 전개했던 것으로 파악하기도
하였다.68) 그리고 이 과정에서 이대헌, 김교영, 김홍렬 등 14명의 인원

---

66) 앞의,『독립운동사자료집』5,「金教永判決文」. "피고는 전기 피고가 거
    주하는 동리의 구장인 바, 대정 8년 3월 20일 경 타인에게서 조선 각지
    에서 조선독립시위운동이 행하여지고 있음을 전해 듣자 이에 찬동하여
    정치변혁의 목적으로 피고가 거주하는 동리에서도 역시 같은 운동을 하
    고자 동월 27일 피고 스스로 또는 동리 사환 金用文 등으로 하여금 이민
    에게 대하여 '조선독립시위운동을 할 터이니 집합하라'고 전달한 결과 모
    인 이민 약 9명을 인솔하고 동면 면사무소 앞으로 가서 동일 오후 1시
    경부터 오후 4시경까지 군중과 같이 조선독립만세를 연달아 부름으로
    써 정치에 관하여 불온 언동을 함으로 말미암아 치안을 방해한 자이다"
67) 국가보훈처, http://narasarang.mpva.go.kr/
68)「朝鮮各地の獨立運動に關する件(145)」. 김정명, 앞의 책, 433쪽.

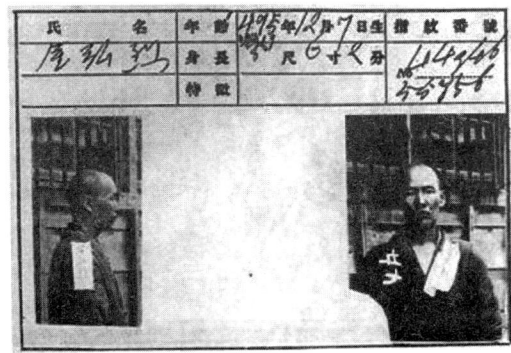

김홍렬판결문, 경성지방법원, 1919.5.2

김홍렬의 수형자카드

이 체포되었다.[69)

  또한 서부면에서의 시위는 감일리甘一里에서 농업에 종사하던 구희서의 주도하에 전개되었는데,

  ① 피고는 구한국 독립을 꾀하는 많은 군중과 같이 시위운동을 하려고 기도, 대정 8년 3월 27일 자기가 거주하는 동리 이민 약 40명을 선동 인솔하여 광주군 서부면 면사무소 및 동면 상일리上一里 헌병주재소 앞에 몰려들어 이들 이민과 함께 조선독립만세를 부름으로써 공안을 방해한 자이다. …(중략)… 당 법정에서 피고가 말한 "경성 어떤 학생의 협박을 받아 부득이 판시 날 민중을 지휘 인솔하여 서부면 사무소 및 상일리 헌병주재소에 이르러 그 곳에서 군중과 같이 만세를 부른 일이 있다"는 취지의 공술에 의하여 이를 인정한다.[70)

  ② 27일 …(중략)… 우동부又東部 서부면西部面 산상山上 및 남한산南漢山에 횃불을 올리며, 만세를 불렀으나 곧 해산되었다. 동군同郡(서부면－필자) 상일리上一里 27일 폭민暴民 약約 1,000명이 구舊 한국기韓國旗를 선두로 상일리上一里 헌병주재소로 몰려들어 극력極力 해산을 명령하였지만, 도리어 헌병을 포위하여 투석投石 및 기타의 극단적인 폭행이 그치지 않아 발포해산發砲解散을 시켰지만 폭민暴民에 사자死者 1명, 부상자 2명이 발생하였다.[71)

  위의 ①과 ②의 내용을 종합해 보면 서부면에서의 만세 시위는 27일 새벽에 있었던 마을 야산에서의 횃불 시위로부터 시작되었으며, 이후 약 40여 명의 주민이 참가한 시위가 이어졌던 것으로 보인다. 그리고 시위대는 서부면사무소와 상일동 헌병주재소로 행진하는 과정에서 1,000여

---

69) 앞의, 『경기도항일독립운동사』, 432쪽.
70) 앞의, 『독립운동사자료집』 5, 「具義書判決文」.
71) 「朝鮮各地の獨立運動に關する件(145)」. 김정명, 앞의 책, 433쪽.

명으로 증가하였으며, 면사무소와 헌병대에 돌을 던지며 격렬하게 만세운동을 전개하던 시위대를 향해 일제 헌병이 총격을 가함으로써 사망자 1명과 부상자 2명이 발생하였다.

또한 이 시위에 참여

구희서판결문, 경성지방법원, 1919.05.06

한 군중이 1,000명에 이르렀다는 것은 서부면에서의 시위가 인근 마을 주민의 참여 속에서 연합시위로 그 규모를 확대되어 갔음을 보여주는 것이라고 생각되는데[72] 실제로 조선군 참모부 보고에서도 27일에 광주군 동부면과 서부면에서 약 1,000여 명의 군중이 주재소를 습격했다고 파악하고 있었다.[73] 뿐만 아니라 이날 중대면에서는 윤도길尹道吉의 지휘하에 만세운동이 전개되기도 하였다.[74] 한편 이날 시위를 주도했던 구희서는 5월 6일 경성지방법원에서 보안법 위반으로 징역 8월형을 언도받아 공소하였으나 6월 21일 경성복심법원과 87일 고등법원에서 각각 기각되어 옥고를 치렀으며, 1992년에 대통령표창이 추서되었다.[75]

---

72) 앞의, 『독립운동사자료집』 5, 「具義書判決文」. 한편 조선군헌병사령부에서는 광주군 상일리 주재소에 昨夜(28일－필자) 1,000의 군중이 來襲暴徒浸入하여 2명의 부상자를 내었다고 하였다. 梶村秀樹·姜德相 編, 「朝鮮に於ける獨立運動に關する件」(密第102호), 앞의 책, 153쪽.

73) 「3月26日より4月5日に至朝鮮騷擾事件に關する狀況報告の件(202, 附錄)」, 김정명, 앞의 책, 528쪽.

74) 앞의, 『三·一 運動秘史』, 874쪽.

따라서 이러한 내용을 통해서 보면 3월 27일에 동부면과 서부면에서 동시에 추진되었던 만세운동은 시위에 사용한 태극기를 미리 준비하기도 하고 횃불시위를 통해 분위기를 고조시켰던 것으로 보인다. 그리고 만세운동의 전개과정에서는 지역별로 동부면과 서부면 및 구천면의 주민들이 상황에 따라서 연합해 가면서 비교적 규모가 큰 연합시위의 형태로 발전해 갔던 것으로 나타나고 있다고 하겠다.

그리고 서부면에서의 시위 과정에서는 헌병의 발포로 광주군 내에서의 최초로 사망자가 발생하기도 했는데 이 사건은 이후 광주군 내의 3·1운동이 격화되고 확산되어가는 중요한 기폭제가 되었을 것으로 생각된다고 하겠다. 따라서 3월 27일 동부면과 서부면을 중심으로 전개되었던 만세운동은 이후 광주군의 3·1운동이 보다 적극적이고 광범위한 항일 만세운동으로 이어지게 하는 결정적인 계기가 되었던 것으로 생각된다.

2) 연합시위의 확대와 시위의 격화

26일부터 27일 사이에 중대면과 대왕면, 동부면, 서부면 및 중부면, 구천면 등지에서의 3·1운동이 활발하게 전개된 후 광주군지역에서의 3·1운동은 3월 28일 오포면五浦面과 경안면慶安面의 연합시위로 이어졌던 것으로 보인다.

그런데 이 두 지역에서의 만세시위는 28일 새벽 1시경 오포면에 거주하는 정제신鄭濟莘이 고산리高山里의 주민 40여 명을 인솔하여 마을 뒷산에 올라가 만세를 불렀으며, 같은 시각에 문형리文衡里에 거주하는 김인택金仁澤과 임무경林武京도 마을 주민 30여 명을 인솔하고 산에 올

---

75) 국가보훈처, http://narasarang.mpva.go.kr/

라 약 30분간 독립만세를 외치면서 시작되었다.[76] 이후 대체로 시위
대는 이날 오전에 다시 오포면 사무소에 모여 만세시위를 이어갔던 것
으로 보이는데 당시의 상황에 대해서는 면사무소 앞에서의 시위를 주
도했던 유면영柳冕永(당시 47세)의 판결문을 통해 확인할 수 있다.

　피고는 조선 각지에서 조선독립시위운동이 행하여지자 이 거사에 찬
동하여 대정 8년 3월 28일(음력 2월 27일) 아침 피고가 거주하는 전기 오
포면 사무소 앞에서 그 시위운동을 하고자 집합한 약 600명의 군중에게
대하여 '일한합병 이래 이에 10년이 되는데 금후는 독립하기로 되었으
니, 일동은 만세를 부르라'고 말하여 그 군중으로 하여금 독립만세를 절
규케 한 다음, 일동에게 대하여 "이제부터 광주 군청으로 몰려가라. 그
곳에 가서 만일 헌병들이 발포하더라도 퇴각하지 말고 일심동체가 되어
그들을 체포하지 않으면 안된다"고 방언함으로써 군중을 선동하여 광주
군청으로 몰려가서 일동과 같이 조선독립만세를 외침으로 말미암아 치
안을 방해한 자이다 …(중략)… 사법경찰관이 작성한 증인 박상현朴商鉉
의 신문조서에, "피고는 대정 8년 음력 2월 27일 오전 9시경 오포면 면
사무소 앞에서 폭민 5~6백 명에게 대하여 '금후 조선이 독립하면 이런
경사는 또 없을 것이니, 일동은 만세를 부르라'고 하였으며, 또 '일한합
병 이래 10년간 일본정치 밑에 있었으나 이번에 독립을 할 터이니 이
만큼 기쁜 일은 없을 것이다'고 하여 군중을 선동하였다"는 취지의 공
술 기재. …(중략)… 사법경찰관이 작성한 증인 배성신裵成信의 신문조
서에, "피고는 대정 8년 음력 2월 27일 오전 9시경 오포면 면사무소 앞
에서 5~6백 명에게 향하여 '이제부터 광주 군청으로 일동이 몰려가자.
그리고 군청에 가면 만일 헌병과 보조원이 군중에게 대하여 발포하더라
도 반드시 퇴각할 것은 없다. 일심동체가 되어 그런 자는 체포하자'고
하면서 선동을 하였다"는 취지의 공술 기재를 종합하여 이를 인정하기
에 충분하다.[77]

---

76) 앞의, 『독립운동사자료집』 5, 「鄭濟莘判決文」·「金仁澤判決文」.
77) 앞의, 『독립운동사자료집』 5, 「柳冕永判決文」.

위의 내용에서 보면 유면영은 28일 오전 오포면사무소 앞에 모인 600여 명의 시위대에게 '한일합병 이래 이에 10년이 되었는데 이제 독립하기로 되었으니, 일동은 만세를 부르라'고 하거나, '일한합병 이래 10년간 일본정치 밑에 있었으나 이번에 독립을 할 터이니 이 만큼 기쁜 일은 없을 것이다'라고 외치며 시위를 주도했던 것으로 보인다.

또한 그는 시위가 열기를 더하자 '이제부터 광주 군청으로 몰려가자 그리고 군청에 가서 만일 헌병과 보조원이 군중에게 대하여 발포하더라도 반드시 퇴각하지 말고 일심동체가 되어 그런 자들을 체포하자'라고 외치며 시위대를 이끌고 광주군청이 있는 경안면慶安面 주막리酒幕里(京安里)로 진출하였다.[78]

그런데 이날 유면영이 군중들에게 헌병과 헌병보조원이 발포하더라도 퇴각하지 말고 일심동체가 되어 발포한 자를 체포하자고 역설했던 것에서 보면 당시 시위대는 전날 서부면에서 헌병의 발포로 사망자와 부상자가 발생했던 상황을 염두에 두면서 시위를 진행하고 있었던 것으로 보인다.

한편 광주군청으로 진출한 시위대의 상황에 대해서는 조선군참모부朝鮮軍參謀部의 보고를 통해서 확인할 수 있는데,

　　광주군 주막리에서는 3월 28일 오후 1시 30분경 약 1,500명의 군중이 군청 앞에 집합하여 구한국기舊韓國旗를 세우고 군수와 군청직원에 대해 군집群集에 가담하여 한국독립만세韓國獨立萬歲를 부르게 하고 또한 군수에게 한국독립을 승인하는 날인捺印을 할 것을 협박하였으며, 군청과 우체국을 향해 투석投石하였다. 이때 경계 중이던 헌병 상등병上等兵

──────────

78) 그런데 주막리의 명칭은 1927년 5월에 京安里로 명칭이 변경되었던 것으로 나타나고 있다. 「廣州郡慶安面酒幕里ノ名稱變更」, 『朝鮮總督府官報』 1430호, 1917년 5월 12일.

1명과 헌병 보조원 1명 및 재향군인在鄕軍人 3명은 병기兵器를 들고 군
중을 제압하였지만 군중이 군청 구내로 밀고 들어와 헌병과 격투를 하
며 총기를 빼앗으려 하자 발포하여 즉사 6명, 부상 10명이 발생하였고
점차 군중을 해산되었다.[79]

위의 내용에서 보면 오포면사무소 앞에서 출발한 시위대는 오후 1시
30분경 광주 군청 앞에 도착하였으며, 이 과정에 경안면의 주민들이
합세하면서 그 규모가 1,500여 명으로 늘어난 것으로 보인다.[80] 이후
시위대는 광주군청 앞에서 구 한국기를 앞세우고 시위를 전개하였으
며, 군수와 군청직원들에게 시위에 가담할 것과 군수에게 한국의 독립
을 승인 날인할 것을 요구하는 한편, 군청과 우체국에 투석하는 등 격
렬한 투쟁을 전개하였다. 그리고 시위대가 군청 안으로 진입하는 과정
에서 일제 헌병과 헌병보조원 및 재조일본인在朝日本人 재향군인들과
충돌했던 것으로 보이는데 이 과정에 헌병대의 발포로 6명이 주민이
현장에서 즉사하고 10명이 부상당하는 피해를 입었던 것으로 나타나
고 있다.

뿐만 아니라 분위기가 고조되는 가운데 일제의 과격한 진압 이후에도
시위대는 곧바로 해산하지 않고 주막리(경안리) 부근의 3곳에서 200~
300명의 군중이 여전히 시위를 지속하고 있었으며, 상황이 긴박하게
돌아가자 경성헌병대사령부에서는 일부 병력을 광주군으로 파견하기
도 했다.[81]

한편 돌마면에서의 만세시위를 주도했던 한백봉의 재판기록에 따

---

79) 「3月26日より4月5日に至朝鮮騷擾事件に關する狀況報告の件(202)」.
   김정명, 앞의 책, 524쪽.
80) 앞의, 『경기도항일독립운동사』, 441쪽.
81) 김정명, 앞의 책, 529쪽.

르면, 돌마면에서도 3월 28일 주민 50여 명이 모여 만세운동을 전개하였는데 수백 명의 군중이 이에 합세하여 시위의 규모가 확대되었던 것으로 보인다. 그리고 이 과정에서 한백봉은 이날 오후 8시경부터 다음 날인 29일 저녁까지 구 한국기를 흔들며 돌마면의 각 동리를 돌아다니며 만세운동을 일으켰던 것으로 보인다. 그런데 이 시위는 낙생면 면장이던 남태희南泰(台)熙와 돌마면의 한순회 등이 가세하여 비교적 대규모의 연합 만세시위로 발전했던 것으로 나타나고 있다.[82]

따라서 이상을 통해서 볼 때 27일의 연합시위와 총격사건으로 격화된 광주군에서의 3·1운동은 오포면과 경안면의 연합시위와 돌마면과 낙생면의 연합시위로 최고조에 달했던 것으로 보인다. 그리고 오포면과 경안면의 연합시위는 독립의 가능성을 전망하면서 동부면과 서부면의 연합시위에서 발생한 일제의 탄압에 대한 시위대의 적극적인 저항이라는 성격을 보여주고 있었던 것으로 생각된다.

이후 광주군의 3·1운동은 4월 6일 오수식吳壽植을 중심으로 하는 실촌면實村面의 시위로 이어졌던 것으로 보이는데,

① 피고는 전기 피고가 거주하는 동리의 구장인 바, 대정 8년 3월 초순 이후 조선 각지에서 조선독립시위운동이 일어났음을 전해 듣자 이에 찬동하여 정치 변혁의 목적으로 동년 4월 6일 오전 7시경부터 동일 오후 4시경까지 사이에 자기 동리 이민 약 50여 명을 집합시켜 실촌면 만선리晚仙里에서 모여든 다른 동리 이민 약 200여 명과 합류, 일단이

---

82) 한백봉의 재판기록에 의하면 시위는 28일과 29일 양일간 전개된 것으로 나타난다. 앞의, 『독립운동사자료집』 5, 「韓百鳳判決文」. 그러나 다른 기록에 의하면 낙생면에서의 시위는 27일에 있었던 것으로 되어 있어서 정확한 시위 날짜에 대해서는 보다 정밀한 검토가 요구된다고 하겠다. 「朝鮮騷擾事件經過槪覽表」. 김정명, 앞의 책, 465~466쪽.

되어 함께 조선독립만세를 절규함으로써 정치에 관하여 불온한 언동을
함으로 말미암아 치안을 방해한 자이다.[83]

   ② 광주군 실촌면 6일 하오下午 5시경 실촌면민 약 400명은 면사무
소에 이르러 면장을 협박하여 독립만세를 외치게 하였으며, 취체관헌取
締官憲이 도착하자 즉시 해산하였다.[84]

   우선 ①의 오수식의 재판기록을 통해서 보면 3월 초순에 3·1운동
이 발발했다는 소식을 들은 실촌면 이선리二仙里의 구장 오수식은 실
촌면에서도 만세운동을 전개하기로 하고 4월 6일 주민 50여 명을 만
선리晩仙里에 집합하도록 하였다. 그리고 오수식은 이날 오전 7시경부
터 오후 4시 사이에 오홍운吳興雲, 오세인吳世仁, 동치익董致益, 오수억吳
壽億, 김익수金益洙, 오세영吳世永 등과 함께 만세운동을 전개했던 것으
로 보인다.

   또한 ②에서 보는 바와 같이 오후에 들어 만세운동이 본격화되자
시위에 참여한 수는 400명으로 늘었으며, 실촌면사무소로 진출한 시
위대는 면장에게 만세시위에 참여할 것을 강요했던 것으로 나타나고
있다. 그런데 이선리에 거주하던 오수식이 시위대의 집결지를 만선리
로 정했던 것은 이곳이 곤지암에서 양평으로 통하는 교통의 요지여서
만세운동의 시위효과도 클 수 있었기 때문으로 생각된다.[85]

   따라서 이상을 통해서 보면 광주군에서의 3·1운동은 3월 26일 중
대면 송파리에서 시작된 3·1운동은 3월 27일과 28일의 연합시위를 거
치면서 본격화되었으며, 4월 6일 실촌면에서의 시위를 거치면서, 일제

---

83) 앞의, 『독립운동사자료집』 5, 「吳壽植判決文」.
84) 김정명, 앞의 책, 593쪽.
85) 앞의, 『경기도항일독립운동사』, 442쪽.

의 공권력에 대항하는 보다 과단성이 있는 운동으로 발전해 갔다고 하겠다.

5. 맺음말

지금까지 본고에서는 일제하 광주군지역의 3·1운동의 전개양상에 대해 살펴보았으며, 이를 정리하면 다음과 같다.

첫째, 광주군지역은 3·1운동 이전에 한말의 의병전쟁을 거치면서 항일전통을 강화해가고 있었는데 특히 남한산성을 중심으로 한 광주 군민의 의병활동은 일제 초기 광주군지역의 항일의식이 다른 지역에 비해 상대적으로 강력한 면이 있었음을 보여주는 것이라고 하겠다. 또한 광주군에서 전개된 기호흥학회畿湖興學會의 '흥학興學'운동이나 합방 반대 상소운동 등도 당시 광주군지역 주민의 항일 애국적 정신의 일면을 보여주는 것이었으며, 이러한 항일전통이 광주군지역의 3·1운동으로 이어졌을 것으로 생각된다.

둘째, 광주군에서의 3·1운동은 당양한 형태로 확산되었는데 광주군이 서울 인근지역이라는 점에서 서울에서 3·1운동의 발발을 직접 목격했던 인물이나 천도교 교단의 활동 및 여러 외부 인부인의 활동을 통해 이루어졌던 것으로 보인다. 다만 광주군지역이 지형적으로 험준하고 경기도 20개 군 가운데 강화도를 제외하고 유일하게 철도가 통과되지 않는 지역이었다는 점과 근대적 교육기관의 설립이 적어 상대적으로 3·1운동을 주도할 만한 학생세력이 부족했다는 것 등은 광주군에서 3·1운동이 다른 지역에 비해 상대적으로 늦게 전개되는 원인이 되었을 것으로 생각된다.

셋째, 광주군지역에서의 만세운동은 4월 26일 중대면 송파리에서의 시위를 시작으로 본격화되었으며, 이후 동부면과 서부면지역으로 확산되었으며, 특히 이 과정에서 나타났던 1,000명이 넘던 대규모의 시위와 일제 헌병의 발포로 인한 사망자와 부상자의 발생은 이후 오포면과 경안면의 연합시위가 더욱 과격하게 전개되는 촉매제가 되었던 것으로 보인다.

또한 4월 6일에 전개되었던 실촌면의 시위에서도 400여 명의 시위대가 면사무소에 집결하여 면장에게 만세운동에 참여할 것 등을 강요하는 등의 활동을 전개했는데 이를 통해서 보면 광주군지역에서의 만세운동은 일관되게 과격한 항일투쟁의 양상을 띠며 만세운동을 전개했던 것으로 나타난다고 하겠다.

넷째, 광주군지역 3·1운동의 상세한 전개과정에 대해서는 기존의 연구 성과를 꼼꼼하게 분석·정리하여 객관적 사실 확인의 정밀도를 높이는 작업이 필요 할 것으로 생각된다고 하겠다. 그리고 크게 보았을 때 중대면을 포함한 동부면과 서부면에서의 3·1운동은 시기적으로 보아 광주군지역의 3·1운동을 선도하는 적극적이고 투쟁적인 만세운동의 경향을 나타내고 있었으며, 이는 한말·일제 초기 대표적인 항일전통에 기반을 둔 항일독립운동의 연장선상에서 나타나는 투쟁의 일면이었던 것으로 생각된다.

「하남지역 3.1만세운동의 전개와 의미」 토론문

박 민 영

(한국독립운동사연구소 선임연구위원)

　본 논평자는 10여 년 전 하남의 근현대사를 독립운동사 중심으로 거칠게나마 집필할 기회를 가졌으며, 또 동부면 3·1운동을 주도했던 김교영 선생의 약전略傳을 정리한 경험을 갖고 있다. 오늘 이 자리에서 약정토론자로 참가한 한 것은 이런 연유 때문이라 생각한다.

　황교수의 이번 발표는 무엇보다 그동안 제대로 정리되지 않았던 하남지역의 3·1운동을 체계적으로 정리했다는 점에서 연구사적 의의가 있다고 생각한다. 하남지역－광주지역－ 3·1운동의 전개, 발전과정과 주도인물, 시위내용 등을 구체적으로 구명하였다는 점은 특기할 만하다. 이 과정에서 본 논문은 현재 하남시의 영역이 과거 광주군의 일부에 지나지 않은 점을 감안하여, 하남시 영역에만 국한하지 않고 부득이하게 3·1운동 당시의 광주군 전역을 대상으로 삼고 그 실상을 구명하였다. 황교수님의 집필의 고충과 입장을 십분 이해한다. 이 점을 염두에 본 논문의 보완에 다소나마 도움이 되었으면 하는 바람으로 다음 몇 가지 의견을 개진해 본다.

　1. 목차구성상 조정이 필요하다고 생각한다. 본 논문의 가장 중심이

되는 내용은 '제4장' 만세시위의 확대와 격화 가운데 제1절 '동부면과 서부면에서의 3·1운동'인 것 같다. 동부면과 서부면이 오늘날 하남시 경내의 영역에 상당하기 때문에 오늘 발표 주제의 핵심이 된다고 판단되기 때문이다. 이런 견지에서 동부, 서부면의 3·1운동을 별도의 장으로 더 큰 비중을 두고 기술하고, 제2절의 연합시위, 시위격화 부분(오포, 경안/ 돌마, 낙생)을 하남시(동부, 서부면) 3·1운동의 영향 하에 전개된 것으로 정리하는 방안이 하남시 3·1운동을 올바로 이해하는 데 더 근접하지 않을까 한다.

2. 3·1운동의 배경으로 언급한, 의병전쟁을 포함하는 하남(광주)의 국권수호 항일투쟁(단체, 인물)이 3·1운동으로 연계되는 실상을 알려주는 자료가 있는지 궁금하다. 언뜻 보기에 그 연계성을 확인할 수 있는 근거는 발견되지 않는 것 같다. 본고의 논지전개 과정에서 양자의 상관성을 어느 정도 연계 하에 확인할 수 있는 근거가 있어야만, '의병전쟁과 항일전통'을 한 절로 설정한 타당성을 가질 수 있지 않을까 하는 생각이 들기 때문이다. 그리고 1909년 임문순 의병이 유인석과 연락을 취하면서 활동을 전개하고 있었던 것으로 기술하고 있는데, 이것은 오류로 보인다. 왜냐하면 당시 유인석은 러시아 연해주로 망명하여 활동하고 있었기 때문이다.

3. 초기 시위양상을 설명하는 대목에서 '광주군지역 3·1운동의 초기 전개과정에서 나타나는 특징'을 언급한다고 했지만, 본문에 그 특징이 잘 드러나 있지 않은 것 같다. 그 특징의 내용이 무엇인지 구체적으로 기술해주길 바란다. 본문에 기술된 "다양한 인물과 경로에 의해 군내로 전해졌던 광주군에서의 3·1운동은 종교조직이나 학생 혹은 지역적 혈연관계나 지연 등을 통해 확산되는 경향을 나타내고 있었던 것"이나, "시작부터 상대적으로 적극적인 형태의 만세운동"을 전개했

다는 것을 특징적 양상으로 보기는 어렵다는 생각이 든다.

4. 동부면 만세시위를 기술하는 가운데 다음 내용을 보완했으면 좋을 것 같다. 망월리 구산龜山 구장 김교영이 주도한 만세시위는 주민들이 26일 밤 마을 뒤 구산에 올라가 만세를 고창하였으며, 이튿날 27일 천현리 동부면사무소로 몰려가 시위를 벌였고, 이어 황산고개를 넘어 상일리 소재 헌병분견소를 향해 행진하였고, 그 과정에서 헌병들이 발포한 것으로 보인다. 즉 감일리 등 서부면의 주민들과 가세하여 상일동 헌병분견소로 몰려가 연합시위를 전개한 사실을 상기할 필요가 있을 것 같다. 동부면 만세시위 가담자의 수는 5백 명에 달했던 것으로 추산된다.

5. 동부면(교산리, 망월리, 천현리 등)과 서부면(감일리 등) 만세시위가 동일한 날짜에 함께 일어났다. 그리고 야간 시위를 거쳐 면사무소(동부, 서부) 만세시위 후 상일리 헌병분견소 시위로 이동하는 등 동일한 패턴으로 진행되었다. 이런 사실을 고려할 때, 마을 상호간에 사전 연락 혹은 공동 계획 하에 진행된 것으로 인정되는데, 그 내용을 확인할 수 있는 자료나 근거는 없는가?

6. 끝으로 광주의 3·1운동의 시작을 3월 26일 송파리 주민 만세운동이라 보게 된다면, 선행연구에 나오는 다음 세 가지 일시에 대해서 세밀한 검토가 필요할 것으로 보인다. 참여자 증언에 의한 3월 12일 실촌 의거, 『광주군지』(1999년)에 의거한 3월 19일 경안시위, 그리고 독립운동사편찬위원회 간행 『독립운동사』(1971년)에 의거한 3월 23일 광주 만세운동 등이 그것이다. 서울에 근접한 광주-하남- 3·1운동 거사 起點이 의외로 늦은 3월 말이라는 점은 상기할 필요가 있을 것 같다.

하남지역 항일대중투쟁의 전개양상과 성격

김 형 목

(독립기념관 한국독립운동사연구소 선임연구위원)

1. 머리말
2. 교육열 고조와 문화계몽운동 확산
3. 농민운동의 전개
4. 노동운동과 광주공산당협의회
5. 맺음말

1. 머리말

3·1운동 이후 민족해방운동은 다양한 이념에 입각하여 폭발적으로 전개되었다. 사회주의나 아나키즘 등은 민족해방이나 조국광복을 위한 새로운 이념으로 수용·확산되는 분위기였다. 노동운동·농민운동·청년운동·여성운동 등 부문별 대중투쟁운동 분화와 진전은 이러한 역사적 사실을 보여준다. 물론 지역적인 여건과 활동가 역량에 따라 많은 편차를 드러내었다. 이는 지역운동사 역량을 보여준다는 점에서 중요한 의미를 지닌다. 하남지역[1]도 이와 같은 상황에서 크게 벗어나지 않았다.

이곳 항일대중투쟁 연구는 아직 '걸음마' 단계에 불과하다.[2] 일제

---

1) 현재 하남시는 일제강점기 경기도 광주군 동부면 전체와 서부면 일부를 포함하는 지역이었다. 이 글에서 지칭하는 하남지역은 광주군 전역을 의미한다.

2) 광주군지편찬위원회, 『광주군지』, 1990 ; 경기도사편찬위원회, 『경기도 항일독립운동사』, 1995 ; 김인덕, 「일제하 하남의 민족운동」, 『역사도시 하남』, 하남시사편찬위원회, 2001 ; 한상도, 「일제하 성남지역의 항일민족운동」, 『일제하 성남지역의 민족해방운동 양상』, 성남문화원, 2003 ; 이지훈, 「근대의 교육기관」『광주시사』6, 광주시사편찬위원회, 2010 ; 성남문화원, 『일제하 성남(광주)지역 신간회 연구』, 2010 ; 조성운, 「일제하 광주지역의 신간회운동」, 『사학연구』100, 한국사학회, 2010 ; 광주시·광주문화원, 『광주지역의 항일의병항쟁 및 3·1독립운동(발표문)』, 2011. 김인덕은 일제강점기 하남지역 민족운동을 각 부분별로 다루었다. 이는 개척적인 성과로서 중요한 의미를 지닌다. 다만 민족운동의 전반적인 침체에 대한 원인이나 분석 등은 거의 언급되지 않았다. 『경기도 항일독립운동사』나 『성남시사』·『광주시사』 등에도 하남시에 관해 일부 서술하였다. 그런데 역사적 사실과 다르게 파악하는 등 문제점도 적지 않다. 일제강점기 하남지역 민족운동 전반과 하남인 생활상에 대한 정치

강점기는 물론 하남지역사를 개관할 수 있는 자료집마저 거의 전무한 사실은 이를 반증한다. 하루 속히 구술사를 비롯한 개인이 소장한 자료에 대한 수집·정리가 시급하다. 이러한 가운데 『역사도시 하남』 발간은 하남인의 자긍심이나 애향심을 일깨우는 초석임에 틀림없다. 다만 상당한 부분은 역사적 사실과 괴리되는 등 보완과 아울러 정치한 분석이 필요하다.

이 글은 기존 연구 성과를 토대로 하남지역 항일대중투쟁의 전개양상을 조명하는데 중점을 두었다.[3] 먼저 이를 전개할 수 있었던 심화된 현실인식은 1920년대 '개조론'改造論 열풍에 따른 문화계몽운동 확산과 관련·파악하였다. 3·1운동 참여와 경험은 식민체제가 지닌 현실모순을 부분적이나마 인식하는 체험현장이었다. 이후 '기만성'을 내포한 식민통치 변화는 합법적인 활동 공간 확대로 이어졌다.[4] 개조 열풍은 교육열 고조로 귀결되었다. 각종 청년단체를 비롯한 계몽단체는 이를 주도하는 중심 세력이었다. 야학·강습소·개량서당 설립과 운영은 이와 밀접한 관계 속에서 전개되었다. 공립보통학교 설립운동이나 승격운동 등도 이와 같은 상황과 맞물려 있었다. 이는 주민들 자아를 각성시키는 한편 현실인식 심화로 귀결되었다.

한 분석이 요구되는 시점이다.

3) 하남역사박물관이나 사단법인 하남역사문화연구소에서 진행하고 있는 학술심포지엄이나 답사 등은 이와 관련하여 시사하는 바가 크다. 이번 학술회의는 민족해방운동 전반에 대한 발굴·정리와 아울러 지역사적 의미를 부여하는 계기가 될 것으로 전망된다. 특히 학술회의 성과물 발간은 지방자치시대에 부응한 하남인 자긍심 고취에 주요한 영역으로 자리매김하리라 기대된다(하남역사박물관·하남역사문화연구소, 『하남 불교문화재연구』, 경인문화사, 2010).

4) 김형목, 「1920년대 전반기 경기도 야학운동의 실태와 기능」, 『한국독립운동사연구』 13, 한국독립운동사연구소, 1999, 104쪽.

巡廻探訪 (八十五百三)

山佳水麗한 百濟의古都 (1)

四面으로山岳이重疊

廣州 一記者

◇次回는錦山◇

◇沿革

◇地勢　本郡의位置는北緯三
十七度三十四分의處와 京畿道中央
의一大郡으로서 東經百二十六
度五十八分의處한…

◇人口　本郡의總戶數는一五,
七一二戶에 八三,五四五人의人
口를가젓스니 國別男女別을示
하면如左하다

國別	戶數	人口	男	女
中國		二		
日本		一	一六	一
朝鮮				

◇交通　交通의便으로는京城
으로부터 江原及忠北으로通하

『동아일보』1927년 6월 29일「산가수려한 백제고도(1)」

　　이어 항일대중투쟁은 농민운동과 노동운동으로 구분·살펴보았다. 노동운동은 공장노동자가 미약한 상황에서 거의 일어나지 않았다. 석혜환石惠煥·정영배鄭永培 등이 1920년대 중반 조직한 남한산노동공조회南漢山勞動共助會는 노동운동을 주도한 거의 유일한 단체였다.5) 이는 신간회新幹會 광주지회 조직과 광주공산당협의회사건과 결합하는 가운데 1930년대 대중투쟁을 견인하는 '지렛대'였다. 지역적인 차원을 벗어나 인천·영등포와 강원도 원주 등지에 거주하는 이곳 출신자와 연계 속에서 추진되었다(<표 4> 참조).

　　일찍이 노동공제회勞動共濟會 광주지회도 조직되었다. 이는 농민운동을 견인하는 역할에 만족해야 하는 상황이었다. 곧 노동자는 근대적인 공장노동자보다 육체적인 노동에 종사하는 대다수 농민을 의미하는 상황이었다. 농민운동은 소작권 쟁취와 수리조합 설립과 병행하여 전개되었다. 1922년 12월 동양척식주식회사 소작인의 연맹서 작성사건이나 소작인 조병주曹秉周 자살미수사건에서 시작했다.6) 소작인상조회 광주지회는 다른 지역과 달리 소작권투쟁을 주도하는 등 농민운동으로서 일면을 보여주었다. 이마저도 1930년대 중반 관제화된 농촌진흥운동農村振興運動으로 식민지 농정체제로 편입되고 말았다.

　　민립대학설립운동이나 물산장려운동 등을 포함한 실력양성운동은 미미한 수준에 그쳤다.7) 전자는 광주지회 발기회만 개최되었을 뿐 구체적인 활동상을 전혀 파악할 수 없다. 더욱이 여성운동은 광주여자청

5) 조규태, 「일제강점기 석혜환의 민족해방운동」, 『광주지역의 항일의병항쟁 및 3·1독립운동(발표문)』, 광주시·광주문화원, 2011 참조.
6) 『조선일보』 1922년 12월 7일 「광주에도 동척을 비난」, 12월 19일 「소작인이 自刎, 동척회사의 학대로 이 세상을 비관하고」.
7) 『조선일보』 1923년 9월 1일 「민립대학에 관한 통첩, 면에서 직접 관여함은 부타당」, 11월 28일 「민대 지방부 활동협의」.

년회 단체 명칭만 존재하는 유명무실한 상태였다. 근우회槿友會 지회를 설립하려는 움직임조차도 감지할 수 없었다. 계몽단체나 청년단체 역시 지역사회에서 계몽적인 활동을 제외하고 뚜렷한 역할을 찾아보기 어렵다. 형평운동은 아예 문제조차 제기되지 않았다. 동아일보사·조선일보사 광주지국이나 이천·여주·양평 등과 연합한 경동기자단京東記者團 등 언론활동도 뚜렷한 활약상을 파악할 수 없었다.

이처럼 하남지역 민족해방운동은 부진함을 크게 벗어나지 못하였다. 원인은 여러 측면에서 기인되었다. 신간회新幹會 광주지회도 다른 지회에 비하여 뚜렷한 활동상을 찾아볼 수 없다.[8) 주요 단체나 활동가 부재는 이러한 상황과 맞물려 있었다. 물론 공간된 미흡한 자료로 말미암아 실상을 제대로 부각시킬 수 없는 한계도 절감한다. 향후 새로운 자료 발굴과 아울러 기존 자료에 대한 면밀한 검토를 통하여 보다 '생생한' 하남인의 항일투쟁 역정이 밝혀지기를 기대한다. 이 시론은 하남인 애향심 고취와 더불어 21세기 지방자치제에 부응하는 정체성 정립을 위한 조그마한 '디딤돌'이 되기를 바란다.

---

8) 조성운, 「일제하 광주지역의 신간회운동」, 『사학연구』 100, 한국사학회, 2010.
   저자는 광주지회 활동에 상당한 의미를 부여하였다. 즉 송파지회를 조직하려는 움직임에 주목한 관점이다. 하지만 전반적인 활동상은 계몽적인 수준에서 크게 벗어나지 않았다. 활동영역이나 주요 인물 활동상도 크게 두드러지지 않았다. 경북 경산군의 경우에는 설립된 경산지회와 하양지회를 중심으로 경쟁적인 활약상을 보여주었다. 이는 지회 활동과 관련하여 시사하는 바가 크다.

2. 교육열 고조와 문화계몽운동 확산

1) '개조론' 열풍과 교육열 고조

1920년대 식민지배정책은 무단통치에서 이른바 '문화정치'로 전환되었다. 이는 궁극적으로 민족분열 획책이라는 고도의 '기만성'을 내포하고 있었다. '문화통치'는 선전적인 구호에 불과한 외형적인 슬로건이라고 해도 과언이 아니었다. 반면 활동가들에게 보다 확대된 합법적인 활동 공간이 제공되었다. 외래 사조 유입으로 '개조'는 당대를 질풍노도처럼 풍미한 개념이었다. 이에 부응한 개인·가정·사회 개조 등은 시급한 현안이자 당면과제로서 부각되었다. 신문·잡지 등 언론매체는 연일 경쟁적으로 이와 관련된 기사를 보도하였다.[9] 심지어 조선총독부 기관지인 『매일신보』조차도 이에 가세하는 분위기였다. 바야흐로 '개조'는 한국사회 전반을 강타한 주요한 '담론' 중 하나임에 틀림없었다.

제1차 세계대전 이후 세계질서 재편은 다양한 운동론에 근거한 부문별 민족해방운동 활성화로 귀결되었다. 군이나 면 단위의 청년·여성·노동·농민·교육단체 등이 조직되는 한편 이를 아우르는 중앙단체도 결성되었다. 반면 본회가 조직된 후 지회가 조직되는 등 통합적인 민족운동이 모색되어 나갔다.[10] 조선청년연합회·조선노동공제회·조

---

9) 조규태, 「천도교의 문화운동론의 정립과 그 패러다임」, 『한국민족운동사연구』 19, 한국민족운동사연구회, 1998 ; 김형목, 『입학난과 학습회』, 『교육운동 - 한국독립운동의 역사 35』, 한국독립운동사편찬위원회·한국독립운동사연구소, 2009 참조.
10) 김경일, 『일제하 노동운동사』, 창작과비평사, 1992, 82~97쪽.

선여자교육회·조선교육협회 등은 1920년대 초반을 대표하는 사회단체였다.

조선청년연합회는 지역 단위로 조직된 청년단체의 고립·분산적인 활동을 지양하고 통일적인 활동을 모색하였다.[11] 사회주의나 아나키즘 유입에 따른 치열한 '사상투쟁'은 노동운동·농민운동 등 현장과 접목되면서 점차 현실모순을 타개하는데 앞장섰다. 이러한 노력은 1924년 전후로 청년단체를 크게 민족주의 진영과 사회주의 진영으로 결집시켰다. 청년운동과 노동·농민운동의 통일기관을 표방한 조선청년총동맹과 조선노동총동맹에 각각 224개와 182개 단체가 가입하였다.[12]

민족주의와 사회주의를 지향한 양 진영의 이념적인 갈등은 신간회운동을 전후하여 어느 정도 완화되었지만, 일제강점기 내내 완전한 통합에는 실패하였다. 대립·갈등은 민족운동 역량을 약화시키는 등 부정적인 측면과 아울러 민족해방운동의 다양한 방향을 모색하는 등 긍정적인 요인도 내포하고 있었다. 세계역사상 전무후무한 식민체제에 대한 지속적인 저항을 추진하는 '에너지원'은 여기에서 찾아진다. 민족해방운동 추진과정에서 나타난 현실적인 큰 난제는 80% 이상에 달하는 문맹률이었다.[13] 이념적인 지향성과 달리 각종 사회단체는 문맹퇴치를 위한 활동에 노력하였다. 식민지배체제가 지닌 모순성은 자아

---

11) 『동아일보』 1920년 7월 15~18일 「조선청년연합회기성회」, 8월 17일 「기서, 조선청년연합회에게 희망」 ; 안건호, 「조선청년연합회 조직과 활동」, 『한국사연구』 88, 한국사연구회, 1995.
12) 김준엽·김창순, 『한국공산주의운동사』 2, 청계연구소, 1986, 100~107쪽 ; 조선총독부 경무국, 『最近における朝鮮の治安狀況』, 1934.
13) 노영택, 「일제시기의 문맹률 추이」, 『국사관논총』 51, 국사편찬위원회, 1994 ; 김형목, 「1920년대 전반기 경기도 야학운동의 실태와 기능」, 『한국독립운동사연구』 13, 한국독립운동사연구소, 1999, 104~105쪽.

각성을 통하여 부분적이나마 인지하는 요인이었다. "아는 것이 힘, 배워야 산다"라는 슬로건은 방방곡곡에서 용트림하고 있었다.

종교단체 특히 개신교의 엡웟청년회·수양회·면려회 등은 시세변화에 부응하는 활동으로 교육의 중요성을 강조하였다. 근대교육은 새로운 가치관을 창출하려는 원천으로 인식되는 분위기였다. 대한제국기이래 다시 발흥한 교육열은 이러한 배경과 결코 무관하지 않았다. 계몽단체는 사립학교에 대한 지원뿐만 아니라 사립학교·강습소·야학·개량서당 등을 직접 설립·운영하는데 매진하였다. 중등학교는 물론 공립보통학교 승격운동과 유치운동도 활발하게 전개되는 등 바야흐로 '교육만능시대'가 도래하고 있었다.[14] '근대교육 시행 = 개조'로서 인식되는 분위기는 확산을 거듭했다.

각지에 조직된 청년단체도 역시 생활개선·풍속개량과 아울러 문맹퇴치를 위한 야학·강습소 설립은 물론 마을문고·신문잡지종람소 등을 운영하기에 이르렀다. 특히 전국을 대상으로 활동한 재동경유학생친목회·조선여자교육회·조선청년연합회와 각 지방별로 조직된 유학생학우회 등은 순회강연단을 조직·활동하는 등 이러한 분위기를 확산시켰다. 여성에 대한 강고한 인습이 잔존한 상황에서 조선여자교육회는 80여일 동안 순회강연회를 실시하였다.[15] 강연회 열풍은 현지 청년단체나 동아일보사나 조선일보사 지국 등 협조로 이루어졌다. 주요 내용은 개조에 부응한 근대교육 보급과 현실인식 심화를 위한 방안 등이었다. 특히 1920년대 초반 동아일보사나 개벽사 등은 사운을 건 노력과 후

---

14) 『조선일보』 1923년 3월 13일 「광성학교의 학부형회」 ; 임삼조, 「1920년대 조선인의 공립보통학교 설립운동」, 『계명사학』 17, 계명사학회, 2006.
15) 한상권, 「조선여자교육회의 전국순회 강연활동과 성격」, 『한국민족운동사연구』 43, 한국민족운동사학회, 2005, 51쪽.

원을 아끼지 않았다.

　이러한 활동으로 초등교육기관조차도 만성적인 입학난入學難에 직면하고 있었다.16) 공립보통학교는 학령아동學齡兒童 중 신입생을 선발하는 등 세계역사상 미증유의 '진풍경'이 곳곳에서 벌어졌다. 면민대회나 군민대회는 입학난 등을 포함한 교육문제와 관련된 사안과 밀접한 관련성을 지닌다. 주민들 요구사항은 이러한 과정을 통하여 어느 정도 관철되어 나갔다. 하지만 심각한 문제는 입학지원자의 겨우 30%조차도 수용하지 못하는 수준이었다.17) 1920년대 20% 미만에 불과한 공립보통학교 입학률은 이를 상징적으로 보여준다. 대안은 학습회學習會(일명 이부제 수업 : 필자주) 시행과 강습소(회)·사숙·개량서당 등 설립으로 귀결되었다. 이는 임시방편적인 미봉책에 불과할 뿐 근본적인 해결책은 아니었다. 입학난구제대책위원회가 조직되는 등 입학난은 '뜨거운 감자'로서 부각되었다.18) 공교육에 대한 불신은 이러한 역사적인 배경과 무관하지 않았다.

　경성부는 입학난 완화책으로서「공립보통학교학습회」를 마련한 후 이부제 수업을 적극적으로 실시하였다.19) 이는 곧 각지 공립보통학교

---

16)『조선일보』1921년 4월 13~14일 사설「입교치 못흔 청년과 아동에게」;
　　古川宣子,「일제시대 초등교육기관의 취학상황－불취학아동의 다수존재와 보통학교생의 증가－」,『교육사학연구』2·3, 서울대 교육사학회, 1990 ; 김형목,『교육운동－한국독립운동의 역사 35』, 253~256쪽.
17)『매일신보』1922년 5월 12일「입학난구제사업」, 5월 17일「이부교수遂實施」, 1923년 3월 20일「입학난과 아동」, 3월 21일「각도 입학난완화 일면일교제 연구 중」;『동아일보』1922년 3월 18일「입학난으로 군민대회; 십배나 되는 지원자로 인하야 김희군민이 대회를 열고 결의」.
18)『동아일보』1922년 3월 26~27일 논설「입학난을 여하히할가; 당국의 책임」, 1922년 4월 13일「입학난을 구제키 위하야; 금일 텬도교당에서 방침을 의론」.

로 파급·시행되는 중요한 계기였다. 하지만 교사의 월급이나 경상비 등은 여전히 월사금月謝金(등록금 : 필자주)에 크게 의존함으로써 별다른 성과를 거둘 수 없었다. 만성적인 입학난은 식민지교육정책 전반에 대한 불신을 초래하였다. 공립보통학교를 삼면일교제三面一校制에서 일면일교제一面一校制로 전환하는 제2차「조선교육령」개정은 이러한 상황과 맞물려 있었다.[20] 이도 역시 '선언적인' 구호에 불과할 뿐 현실적인 대안은 결코 아니었다. 실제로 일제가 패망할 때까지 전혀 실현되지 못한 채, 1930년대 중반부터 '불구적인' 형태로 시행되었다. 간이학교簡易學校 신설과 야학 관제화는 식민교육정책의 본질과 한계를 분명하게 보여준다.[21] 우민화와 실업교육에 중점을 둔 식민지교육은 개선보다 현상 유지에 급급할 뿐이었다. 중일전쟁 이후에는 '학교병영화'로 이어지는 등 전쟁 수행을 위한 '병참기지'나 마찬가지였다.

교육열에 부응한 선각자들은 조선교육협회(일명 조선교육회 : 필자주)를 조직한 후 순회강연단을 편성하였다. 이상재李商在·유근柳瑾·한규설韓圭卨 등은 조선총독부에 의무교육의 조속한 실시와 한글교육 강화 등을 건의하는 한편 자구책으로 주민 부담에 의한 교육기관 설립·운영을 촉구하고 나섰다. 이들은 발기문을 통해 이러한 취지를 천명하는 동시에 실천적인 활동에 돌입하였다. 야학·개량서당 등 사설강습소를 통한 교육운동이 확산되자, 이 단체는 중등과정 교재인 『강의록』을 발행하는 등 교육운동 지원에 나섰다.[22] 민립대학설립운동도 이 단체

---

19)『매일신보』1922년 5월 17일 「이부교수 遂實施」;『동아일보』1922년 5월 17일 「보교내에 학습회」.

20)『매일신보』1923년 3월 21일 「각도 입학난완화 일면일교제 연구중」.

21)『동아일보』1938년 1월 1일(신년호 4) 「전환기의 교육조선」, 2월 22일 (조) 「107 야학에 3천여 명 수강; 농한기에 성인교육－안성 농민야학 상황－」, 1939년 1월 5일 「야학 대확충 계획; 56만 부락에 설치」.

가 중점을 둔 교육사업 중 하나였다. 교육열 고조는 이와 더불어 향학열을 배가시켰다.

새로운 시대 변화에 부응하여 이른바 신여성의 사회적인 활동도 활성화되었다. 이들은 조선여자교육회를 조직하여 가정부인들의 각성을 촉구하는 동시에 문맹퇴치를 위한 다양한 활동을 전개하였다. 3조로 편성된 강연단은 전국 70여 곳을 순회할 정도로 열성적이었다. 이들은 여성교육뿐만 아니라 여성의 사회적인 역할을 강조하는 등 새로운 인간관계에 입각한 자각을 촉구하고 나섰다. 직접 2개소 여자야학도 설립·운영하는 등 가정부인 의식을 일깨우는 '선도자'로서 역할을 자임하였다. 가정부인들의 적극적인 참여는 주요 화제로서 부각되었다. 특히 토요일에 개최한 강연회·토론회·음악회 등은 참여의식을 유발시키는 동시에 스스로 존재성을 체험하는 교육현장이었다.[23] 이러한 활동은 상급학교 재학생들로 하여금 귀향활동을 촉진시켰다. 학생들은 조직적인 활동을 위한 학우회를 조직한 후 각지 청년회와 연대활동에 노력했다.

1927년 6월 현재 하남지역 공립보통학교는 7개교였다. 재학생 1,518명 중 여학생은 144명뿐이었다. 읍내에 소재한 학교를 제외한 재학생은 20~30리 길을 걸어서 통학하는 등 열악한 교육환경에서 벗어나지 못하였다. 반면 일본인소학교는 2개교에 24명이나 재학하고 있었다. 1년 경비는 3,824원에 달할 정도로 풍부한 재정적인 지원을 받았다.[24] 1930년

---

22) 『동아일보』 1923년 5월 13일 「조선교육학회; 향촌청년을 위하야 새로히 확장할 계획」 ; 김형목, 「조선교육협회」, 『교육운동 ― 한국독립운동의 역사 35』, 157~167쪽.

23) 김형목, 「조선여자교육협회」, 『교육운동 ― 한국독립운동의 역사 35』, 170~177쪽.

24) 『동아일보』 1927년 7월 2일 「순회탐방(358), 산가수려한 백제의 고도(4), 사면으로 산악이 중첩」.

『동아일보』 1927년 7월 2일 「산가수려한 백제고도(3)」

대 초반 10개교로 증가하였
으나, 6년제는 고작 2개교
에 불과하였다. 학년연장 문
제는 긴급한 현안으로서 부
각되었다.[25] 1933년 5월 개
교 예정인 대왕공립보통학
교는 심각한 입학난에 직면

『조선중앙일보』 1934년 5월 22일
「동부공보의 개교식 성황」

하였다. 인가된 수용력은 2학급 70명에 불과했다. 반면 입학지원자는
130여 명에 달하는 상황이었다.[26] 1면1교제 실행을 위한 노력은 주민
들 단결력과 유대감을 강화시키는 요인이었다. 신축비 대부분은 주민
들 기부금이라는 명목하에 모금하는 등 사실상 할당된 '학교비'나 다
를 바 없었다.[27] 이는 빈농에게 커다란 부담으로 작용하였다.

1934년 동부공립보통학교 건립에 즈음하여 신장리 거주 이창하李昌
夏는 극빈자 74호의 부담금 342원 50전을 대납하였다. 소식을 들은
윤준섭尹俊燮·안영수安英洙·이준식李俊植·박영대朴永大 등도 면내 15등급에
해당하는 의무기부금을 대납했다.[28] 이러한 소식은 널리 회자되는 가

---

25) 『동아일보』 1933년 4월 28일 「광주 대왕공보 5월 1일 개교 수용력은
      겨우 70명인데 지원생은 130명」.
      관내 공립보통학교는 1912년 남한산을 시작으로 설립되었다. 1936년 현
      재 현황은 13개교와 간이학교 3개교 등이었다. 일본인 소학교도 2개교 운
      영되고 있었다. 1941년에는 16개교와 5개교로 각각 증가되었다(이지훈,
      「근대의 교육기관」, 『광주시사』 6, 광주시사편찬위원회, 2010, 285쪽).
26) 『동아일보』 1933년 2월 20일 「농촌진흥운동, 광주」.
27) 송지영, 「일제시기 부산부의 학교비와 학교조합의 재정」, 『역사와 경
      계』 55, 부산경남사학회, 2005.
28) 『조선중앙일보』 1933년 10월 15일 「동부공보 인가 12월중 개교」, 1934년
      5월 22일 「동부공보의 개교식 성황」 ; 『동아일보』 1933년 10월 17일

운데 주민들 상호간 신뢰와 유대감을 북돋아 주었다. 동부공립보통학교 부설 하산곡간이학교下山谷簡易學校도 같은 해 설립되는 등 근대교육 보급을 위한 대책이 주민들 자발적인 참여하에 강구되었다. 교사는 김문환이었다.[29] 과중한 수업료 징수는 주민들 원성을 자아내었다. 학생들로 하여금 몇 명씩 조를 편성하고 조장에게 조기 수업료 납부를 독려하는 '해괴한' 조치도 취해졌다.

> … 참으로 이 사건은 무엇이라 말조차 나오지 안습니다. 아모리 학교에서도 돈밧는 것이 필요하다 하드래도 이와갓흔 제도로 써서 천진란만한 아해들의 두뇌를 상케함은 유감천만으로 생각합니다. 어느 날의 저의 자식이 학교에를 아니갓슴으로 웨 아니갓느냐 하니 월사금을 못가저가서 못갓다하야 퍽이나 고로운 마음으로 월사금을 주엇드니 그 이튼날은 월사금을 잘 내여서 그 조가 이등이 되었다 하며 연필 한 자루를 가지고 와서 조하하는 이런 천진란만한 아동에게 그러한 악제도를 쓰는 학교당국의 심리를 참으로 통석히 역인다 하며 학교당국의 반성이 잇기만 바랍니다 운운.[30]

이에 대하여 교장 판본삼랑阪本三浪은 신설 학교로서 부득이 한 조처라고 변명할 뿐이었다. 나아가 교육행정 즉 학교운영은 자신의 고유 권한임을 강조했다. 사실상 학부형에 대한 협박이나 마찬가지였다. 초등교육조차 부모의 경제적인 능력에 따라 수혜를 받을 수 있는 참담한 현실에 직면하고 있었다.

「빈민분담의 기부금 대납 광주 유지들이」.
29) 경기도, 『경기도세개요』, 1936 ; 조선총독부, 『조선총독부 및 소속 관서직원록』, 1935 ; 이지훈, 「근대의 교육기관」, 『광주시사』 6, 285쪽.
30) 『매일신보』 1935년 12월 20일 「광주 동부공보교 수업료에 상품제도, 어린아이 심리에 관게 잇다고 학부형측의 비난잇다」.

도시화 진행도 입학난을 초래하는 요인 중 하나였다. 광주군 언주면(현 서울 강남 일대 : 필자주)은 서울과 시흥의 접경지대로 급격한 인구팽창을 초래하고 있었다. 여기에 소재한 교육기관인 언주공립보통학교는 겨우 120명을 수용할 뿐이었다. 즉 매년 30명만이 입학시험을 통과하여 입학하였다. 오늘날 상상할 수 없는 '입시지옥'은 악화를 거듭하는 상황이었다. 나머지 수백 명은 거리에 방황하는 등 초미의 관심사였다. 언주공보교후원회는 이러한 문제를 해결하려는 일환으로 조직되었다. 1면1교제에 입각한 식민교육정책 입안자들은 이를 해결하려는 관심조차 거의 보이지 않았다.[31]

2) 하남지역 문화계몽운동의 확산

각지에 조직된 청년단체는 문화계몽운동을 주도하는 한편 야학·강습소의 설립을 통한 입학난 해소와 문맹퇴치에 노력을 아끼지 않았다. 야학은 1890년대 중반 부국강병을 위한 시무책時務策 일환으로 실시되었다. 이곳 야학은 1908년부터 중대·퇴촌·언주 등지에 초동야학교·목동학교 등에서 시작했다.[32] 대부분은 사립학교 부설 야학과이거나 독립된 학교명을 사용하였다. 이는 1910년대 공립보통학교로 통폐합되거나 일본어보급을 위한 '국어강습회'로 변질되었다. 3·1운동 이후 다시 부활하는 계기를 맞았다. 일제강점기 하남지역에 조직된 계몽·친

---

31) 『동아일보』 1927년 7월 2일 「순회탐방(358), 산가수려한 백제의 고도 (4), 사면으로 산악이 중첩」, 1937년 10월 25일 「지방논단, 언주공보교 증축을 촉함, 영등포 일기자」, 1938년 12월 10일 「자금, 기지정비코 학급증축진정, 동시에 학년연장도 진정 광주면민의 교육열」.
32) 김형목, 『대한제국기 야학운동』, 경인문화사, 2005 <부록 2>의 한말 경기지역 야학일람표를 참조.

목·사회단체 주요 활동상은 다음과 같다.

광주군유림회는 1920년 5월 23일 향교에서 총회를 개최함으로써 조직되었다. 당일 참석한 회원은 이광종李光鍾 등 200여 명에 달하는 성황을 이루었다. 취지는 보수적이 아니라 진취적이며, 의뢰적이 아니라 자립적이며, 피동적이 아니라 자동적이며, 형식적이 아니라 정신적이라는 사실을 알리는 동시에 이를 실천하려는 의도였다. 또한 각 면에 1개 학교도 설립·운영할 것을 결의했다. 즉 시세변화에 따라 유림계의 일대 혁신을 모도함이 목적이었다. 부서는 총무부인 총부를 비롯하여 강연부·교육부·의사부議事部·치사부治事部·찬성부 등이었다. 임원회에는 군수와 16개 면장 전원이 참석하였다. 이윤종李胤鍾의「공자孔子는 성지시聖之時」와 이정일李廷一의「자신신민自新新民」이라는 연제로 강연이 있은 후 본격적인 운영문제가 논의되었다. 요지는 2~3개 면을 중심으로 1개 강연소 설치, 매월 청소년을 소집한 강연회 실시, 사숙과 야학에 대한 지도 등이었다.[33] 1922년과 1924년 각각 설립인가된 곤지암·판교공립보통학교는 이 단체가 지속적으로 노력한 성과물이나 다름없었다. 이들은 공립보통학교 설립에 미온적인 태도를 보인 군수를 고발하는 등 근대교육 보급에 앞장섰다.[34]

광주청년회·광주엡웟청년회·광주청년구락부·송파중앙청년회 등도 계속 조직되었다. 이를 계기로 다양한 단체 등이 결성되는 분위기였다.[35] 청년단체는 축구대회·음악회·척사대회 등을 개최하는 친목단체

33)『동아일보』1920년 6월 25일「광주군유림회 발기」, 7월 5일「광주유림회 임원회」.
34)『동아일보』1922년 9월 21일「보통설치인가」, 1925년 6월 11일「군수 걸어 소송」.
35)『조선일보』1925년 10월 22일「송파중앙청년 창립총회」, 1927년 7월 23일「광주음악회 성황」, 9월 5일「광주청년임총」, 12월 25일「광주중

수준에서 크게 벗어나지 않았다. 총회 주요안건도 회원명부 정리·회비징수·내년 농작農作 계획·언론사 지국 지지 등이었다. 그나마 구체적인 활동상을 알려주는 기사조차도 희소하다. 동아일보사 광주지국은 지국장 김수현金壽鉉, 총무겸 기자 김중희金重羲, 기자 유인목兪仁穆·김현용金鉉用 등으로 구성되었다. 이들은 지역사회 활동상을 보도하는 한편 여러 단체와 연계를 맺고 있었다.[36] 유인목은 1920~1930년대 사회운동을 주도한 핵심적인 활동가였다. 하지만 언론활동은 뚜렷한 활동상을 제대로 보여주지 못하였다.

　언주면 내곡리 유지 홍순욱·김교석·김정은·김교호·김교신 등은 1933년 1월 18일 내곡부인회를 조직하였다. 창립총회에는 80여 부녀자들이 참석하는 성황을 이루었다. 주요 활동은 생활개선·가정부업장려·근검저축·문맹퇴치 등이었다.[37] 금주단연을 위한 삐라 살포와 시가행진도 병행되었다. 이러한 활동은 대개 1회성에 그치고 말았다.[38] 이를 견인하는 중심적인 활동가 부재는 사회운동으로 전개시키지 못하는 요인이었다.

　석동균·이영래 등은 유지 30여 명과 남한산산림조합을 1927년 3월 7일 조직한 이래 극빈자 50명을 선발하여 산림보호에 활용하였다. 급

양청년회원 제군에게」.

조찬석은 청년단체로 광주엡윗청년회(1922)·광주청년구락부(1921) 등만 언급하였다(조찬석, 「1920년대 경기지방의 청년운동」, 『기전문화연구』 6, 인천교대, 1975). 이어 광주중앙청연회·광주청년회·신광청년회·남한산구락부 등을 밝혔다(조찬석, 「청년운동」, 『경기도 항일독립운동사』, 783~784쪽).

36) 『동아일보』 1925년 6월 26일 「사고」.
37) 『동아일보』 1933년 1월 23일 「내곡부인회 총회」.
38) 『동아일보』 1929년 3월 6일 「금주단연 선전」.

료는 율미 5승을 제공하는 등 광주군내 가장 모범림으로 육성했다. 남
한산공보교생 중 극빈학생 227명에게 매월 2원씩을 지급하는 등 향학
열을 고취시켰다.[39] 단체 중 명칭만 파악될 뿐 전혀 활동상을 알 수
없는 부분도 적지 않았다. 이를 정리하면 <표 1>과 같다.

<표 1> 일제강점기 하남지역 사회단체 현황

명 칭	주요 임원	주요부서 및 활동상	회원수	출전
광주군유림회	이광종	교육부· 의사부 등 6	200	『동』1920. 6.25, 7. 5
광주청년회				『동』1925. 3.21, 1927. 7. 1 『조』1924. 6.14, 1927. 9. 5
廣明청년회	김두영 : 회장 남광희·이은재· 이광천·이용목· 이건성·김태영 등			『조』1925. 4.11
진흥청년회				『조』1925. 4. 1, 1927. 4.10
광주중앙청년회	한순회 : 회장, 천도교회관	음악회, 축구대회, 각희대회		『동』1927. 7. 1, 1927. 7.23, 1932. 7.18 『외』1927. 8. 3, 8.15 『조』1927.12.25
송파수양회	윤창문·박수명· 김봉구·유오표· 송정식			『조』1925. 6.15
광주여자청년회				『동』1926.10. 1

39) 『동아일보』1929년 3월 23일 「남한산삼림조합기념」, 1930년 9월 26일
「극빈자 수업료의 판출액이 천여원 남한식산조합에서 칠년간 광주교육
회에서 표창」.

명 칭	주요 임원	주요부서 및 활동상	회원수	출전
송파중앙청년회	윤보영·곽응천·윤도병·김근배·김동식			『조』1925.10.22, 1926. 6. 2
도척공보교 창립기성회	신민균 : 회장 이정재 : 총무 이도현·연창회·안두현 : 간사	총무부, 간사부, 의사부		『동』1928. 1.22, 1.24
백제수양단	崔炳斗 : 단장, 韓哲基·韓鍾聲·金得福·李永德	지육부, 덕육부, 체육부, 산어부		『동』1928. 8.26
남한산유학생회		축구대회		『동』1929. 1. 7
분원엡웟청년회		금주단연		『동』1929. 3. 6
남한산산림조합	石東均·이영래		30	『동』1929. 3.23, 1930. 9.26
광주군교육회	공보교 교장·훈도		40	『동』1930. 9.26
광주기자단	박기환 : 단장 김수현 : 상무		8	『동』1930. 2.19
광주체육협회		축구대회		『동』1932. 7.18 ~22
경동기자단 (동맹)	장동윤 : 집행위원장 유인목·최용운·이규환·선철수 : 집행위원	이천,영주, 양평,용인,광주	15	『조중』1933.11.16, 1934. 5.19, 1935. 4. 3, 9.17, 11. 5, 1936. 5.20
내곡부인회	홍순욱, 김교석, 김정은, 김교호, 김교신	생활개선, 가정부업장려, 근검저축, 문맹퇴치	80	『동』1933. 1.23
광주조선소년군	언주 염곡리		30	『동』1928. 8.20, 1933. 3.21
남한산소년회	중부 산성리	신간회 광주지회 창립대회		『외』1927. 8.27
삼성청년단	언주 삼성리	金明七, 申貴成	46	『동』1937.10. 6, 10.20
광주소년회		천도교종리원		『동』1928. 8.20

<표 1>에 나타난 바처럼, 단체의 조직·활동은 바로 민중층 성장을 의미한다는 점에서 중요한 의미를 지닌다. 3·1운동에서 무자비한 탄압에 맞선 폭력투쟁 경험은 스스로 생존권을 보호하기 위한 대책을 강구하는 계기였다. 이를 위한 선결과제는 바로 민지계발과 상호간 신뢰에 의한 단결력 강화였다. 민중은 3·1운동을 전후로 민족해방운동 전선에 '주력군'으로서 등장하기에 이르렀다.[40]

하남지역 청년단체 등 각종 사회단체는 계몽적인 성격에서 크게 벗어나지 않았다. 신간회나 일부 노동단체를 제외한 대부분은 문맹퇴치나 무산아동 입학난 해소에 주력하고 있었다. 초기 노동·농민단체도 계몽단체로서 활동상을 보여주었다. 축구대회·정구대회·척사대회·음악회 개최와 야학·강습소 운영 등은 이를 반증한다. 더욱이 활동상도 제대로 파악할 수 없을 만큼 '조직은 되었으나 유야무야有耶無耶'한 상태였다.[41] 조선청년연합회나 조선청년총동맹 등과 연계나 조직적인 활동은 거의 없었다.

계몽단체 활동으로 야학을 포함한 사설강습소(회)는 1922년 4월부터 1924년 8월 말 현재까지 경기지방에 346개소나 설립되었다.[42] 그러나 입학난은 거의 해소되지 않고 오히려 심화되는 양상마저 보였다. 문화계몽운동 확산과 더불어 고조된 교육열은 지속되었기 때문이다. 경기도 당국자는 사설강습소에 대해 지방비 보조로 이를 해결하고자 하였다.

---

40) 지수걸, 「3·1운동의 역사적 의의와 오늘의 교훈」, 『3·1민족해방운동연구』, 청년사, 1989, 29~31쪽.
41) 『조선일보』 1922년 12월 18일 「청년제군에게 고하노라」, 1927년 4월 10일 「지방소개 11, 사회단체 상황 전도 낙관? 광주 기3」 ; 『동아일보』 1927년 7월 1일 「순회탐방(358), 산가수려한 백제의 고도(3), 사면으로 산악이 중첩」.
42) 『동아일보』 1924년 9월 20일 「기내학술강습; 346개소」.

경긔도에셔는 보통학교입학난 구졔의 목뎍으로 특슈교육긔관을 신
설하는 각디방의 강습회나 쏘는 모모 야학회 등 칠십삼개소에 대하야
빅원내지 삼십원의 범위로 경긔도디방비 중에서 총익 오쳔원을 각기
보조흔다더라.[43)

이는 지방비로 사설강습소나 야학회에 보조금을 지급하여 입학난
을 완화시키려는 술책에 불과할 뿐이었다. '모범적인' 일부 강습소는
공립학교로 승격시켜 식민지교육을 강화하는 기반으로 삼았다.[44)

중등교육기관인 광주농업실업학교는 1938년 4월 21일 인가를 받아
5월 1일 개교하였다. 11월 6일에는 총공사비 16,000원을 들여 신축교
사 낙성식을 거행했다. 당시 입학생은 28명이었다. 이는 하남지역에
설립된 유일한 중등교육기관이나 마찬가지였다. 한 때 교원들의 조수
에 대한 구타문제로 사회적인 파문을 일으켰다.[45) 이는 실업교육 특히
'중견인물'을 양성하려는 의도와 무관하지 않았다. 1940년에는 군내에
3개소 청년연성소 운영으로 귀결되었다. 궁극적인 목표는 청소년을 전
쟁터로 내몰기 위한 '준비작업' 일환이었다.[46)

---

43) 『매일신보』 1925년 3월 1일 「경기 각야학에 5천원 보조; 경기도에서」.
44) 1908년 설립된 시흥군 서면 소하리 국문야학교(일명 私立雲陽義塾)는
    1923년 서면공립보통학교(『동아일보』 1923년 10월 6일 「학교기성회장
    에서 회중을 감격식힌 걸인; 시흥 서면인사의 교육열, 이만여원을 어렵
    지 안케」)로, 안성군 삼죽면 삼죽교육회가 설립한 德山學院도 죽산공립
    학교(『동아일보』 1923년 7월 3일 「덕산학원설치인가」, 1924년 2월 21일
    「덕산학원근황」, 1924년 11월 5일 「덕산학원서광; 보교로 승격할터」)
    로 각각 승격되었다.
45) 『조선중앙일보』 1935년 3월 14일 「작년도에 건의한 학교설립의 질문,
    농민부역도 이구동성 반대 경기도의회 제2일」; 『동아일보』 1938년 6월
    4일 「교원이 조수를 구타 광주농실교」, 11월 9일 「광주농업실습학교
    신축코 낙성(사진)」.

명망가나 청년단체는 주민들 동참을 통한 야학운동으로 입학난을 비롯한 문맹퇴치 문제 해결책을 모색하였다. 야학은 단순한 문맹퇴치의 차원을 넘어 학령아동을 구제하거나 민족해방운동의 이념을 전파하는 기제로서 분화·발전하는 계기를 맞았다. 이는 아동복지라는 측면과 민족운동의 '매개체'라는 사실에서 중요한 의미를 지닌다. 나아가 시대변화에 부응하는 민중문화의 창출을 위한 장소이자 현장이 바로 야학이었다.

도척면 유정리 조돈구趙敦九는 면내 교육기관이 없음을 개탄하여 자기집에 명덕강습소를 세웠다. 면장인 신민균을 교장, 이정재를 교감으로 초빙한 후 그와 안철호는 교사를 맡았다. 개교한 지 수 개월만에 생도가 100여 명 이상이나 출석하는 등 대단한 호응을 받았다.[47] 언주면 압구정리 전상순全尙淳은 10여 년 전부터 무산아동을 위하여 자기집에 야학부를 설치하였다. 그는 교과서와 학용품 일체를 무료로 제공하는 한편 장성한 자에게 혼례비용까지 지원했다. 빈민호에 대한 세금까지도 부담하는 등 자자한 명성을 얻었다.[48]

실촌면 봉현리 문철모文哲謨는 문중자산으로 1922년 12월에 광선의숙을 설립했다. 강사는 배재고보 졸업생 문홍규文鴻圭를 초빙하였다. 30명 학령아동을 모집하여 교수하던 중 경비난에 직면했다. 문홍규는 『조선일보』를 통하여 유지신사의 자발적인 지원을 호소하고 나섰다. 민지계발을 위한 우선적인 과제로서 근대교육 보급에 대한 강조였다. 소식을 전해들은 교도京都제국대학 재학생 문목규文穆圭는 매년 60원 운영비를 지원하기에 이르렀다. 이는 주민들 분발을 각성시키는 요인

---

46) 광주군지편찬위원회, 『광주군지』, 1990, 563~564쪽.
47) 『동아일보』 1922년 5월 26일 「명덕강습소 好績」.
48) 『동아일보』 1925년 5월 3일 「독지와 자선」.

이었다.[49]

낙생면 판교리 신명新明강습소는 유지들에 의하여 설립되었다. 운영자는 학생들 진취적인 기상을 드높이고자, 연합운동회를 개최하였다. 참가한 학교나 의숙은 돌마면 광명廣明강습소, 대왕면 광명의숙, 수원 도애都愛강습원, 용인 모현慕賢의숙 등이었다. 참가학생은 300여 명에 달하였으며, 관람객은 1천 명을 헤아리는 대규모였다.[50] 연합운동회는 인근 지역 학생과 교류를 확대하는 동시에 상무정신을 일깨우는 현장이었다. 나아가 주민들 단합과 시세변화를 직접 체험하는 화합의 현장 바로 그것이나 마찬가지였다.

퇴촌면 이성리에 거주하는 최인성崔仁成은 경비 곤란에 직면한 야학에 의연금 30을 내놓았다. 이성교회에서 학령아동 초과자와 무산아동 50명을 모집하여 문맹퇴치에 노력하고 있었다.[51] 홍형준洪亨俊 목사 등은 남종면 분원리 감리교회에서 하기성경학교를 개최했다. 당시 참석한 아동은 130여 명에 달하는 대성황이었다. 교과목은 한글·창가·동화·산술·성경 등이었다.[52]

남한산농민야학은 이일李一·정영순鄭永順 등에 의하여 1932년 11일에 설립되었다. 장소는 당지 노동공제회관이었다. 출석생은 10세를 전후한 무산아동이 50여 명에 달하는 등 대단한 호응을 받았다. 이들은 3~4개월 학습한 내용을 주제로 학예회를 개최하였다. 여기에 참석한 기자는 이를 보고 소식을 전했다.

---

49) 『조선일보』1923년 9월 8일「광선의숙 서광」, 12월 23일「광선의숙을 위하야 동정을 구함」, 1924년 6월 29일「광선의숙의 서광」.

50) 『조선일보』1923년 5월 29일「各校塾 연합운동」, 6월 5일「모현의숙의 대운동회」.

51) 『동아일보』1930년 12월 13일「야학에 30원 기증」.

52) 『동아일보』1931년 8월 22일「하기아동성경학교 광주 분원에서 개최」.

『동아일보』 1933년 2월 16일 「남한농민야학생 학예회, 광주 일기자」

기자의 가슴을 먼저 쒸놀게 한것은 그 모인 인원人員의 구성이다. 그 대부분이 무산아동들에 쌍파는 아버지 나무장사하는 형 조밥스러는 어머니와 누이들로 … 즉 야학생들의 가족쑌인 것이다. 그들이 주야의 가림이 업시 근근자자勤勤孜孜하되 먹을 것조차 업슬 지경地境에 그 애자愛子의 노래 합창을 대함에 얼마나 깃붑을 가젓스랴 ….53)

이어 『미신타파좌담회』는 많은 교시를 줄 만큼 대단한 찬사를 아끼지 않았다. 기자는 야학이 지닌 사회교육적인 측면을 이미 간파하고 있었다. 이는 문맹퇴치와 아울러 무산아동에 대한 사회적인 관심을 촉발시키는 요인이었다. 광주조선소년군이나 광주소년회 조직은 이러한

---

53)『동아일보』 1933년 2월 16일 「남한농민야학생 학예회, 광주 일기자」.

사실을 반증한다.

언주면 삼성청년회(단)는 저축장려·도난방지·방화방지 등 농촌계몽 활동에 주력하였다. 회원 40여 명으로 구성된 이 단체는 수해방지단을 조직하여 수해에 대한 경각심을 고취시켰다. 초지 2,700여 평을 개간 하여 공동농장을 마련하는 등 경제적인 기반도 확보할 수 있었다. 불교계 대본산 봉은사奉恩寺 소유 전답 100여 작을 작인으로 수확하여 1작당 2원 수익도 얻었다. 이를 토대로 삼성강습회를 설립하여 남녀학생 100여 명을 가르쳤다. 청년단에 의한 무산아동을 위한 강습회 운영은 미담으로 널리 소개되었다.[54] 오포면 매산리 매산야학은 황재일黃在日 주도로 설립하였다. 그는 무산아동과 학령초과자 50여 명을 모집하여 가르쳤다. 열성적인 활동에 주민들은 격려와 후원을 아끼지 않았다.[55] 당시 하남지역에 설립된 사설 교육기관은 <표 2>와 같다.

〈표 2〉 일제강점기 하남지역 사설교육기관 현황

야 학 명	위 치	설립자	임원·교사	교과목	학생수	출 전
명덕강습소	도척 유정리	조돈구	申玟均 : 교장 李貞載 : 교감 조돈구·安哲鎬 : 교사		100명 이상	『동』1922. 5.26
新明강습소	낙생 관교리	유지제씨		연합운동회		『조』1923. 5.29, 6. 5
光明의숙	대왕					『조』1923. 5.29
唯一강습소	돌마 여수리	洪鍾元· 姜永植· 李鍾浩· 李泰泳	명예교사		45	『조』1923.10. 9

---

54) 『동아일보』1937년 10월 20일 「농촌청년 공동경작으로 미취학아동 교육지도 광주군 삼성청년단 헌신활동」.
55) 『조선중앙일보』1934년 2월 1일 「매산야학 성황」.

야 학 명	위 치	설립자	임원·교사	교과목	학생수	출 전
광성학교 1908년 설립	중대 송파리	유지제씨		시화회	200	『동』1923. 6.28 『조』1923.12.20, 1924. 6.14
광선의숙	실촌 봉현리	문철모	문홍규 ; 배재고보	보교속성과정	30	『조』1923. 9. 8, 12.23, 1924. 6.29
大旵강습소	대왕 고등리	李敏庠· 李敏龍 등		10월 2일 개교식		『조』1923.10. 4
동명강습소	초월 서하리	姜光遠· 趙守南· 姜喜珍		화주일기념		『조』1924. 6.29
양벌강습소	오포 양벌리	李秉常· 黃犧宣 등			45	『조』1924. 4.23
야학부; 1916	언주 압구정	全尙淳	좌동			『동』1925. 5. 3
하기 아동 강습회	도척 관평리 노곡리	감리교회				『동』1925. 8.24
이성리야학	퇴촌 이성리	이성교회	좌동	문맹퇴치	50	『동』1930.12.13
남한산 농민 야학	남한산성 노동 공제회관	이일· 정영순	좌동		50	『동』1933. 2.16
삼성 강습회	언주 삼성리	삼성 청년회	임원진	보교과정	100	『동』1927.10.20
매산 야학	오포 매산리	황재일	좌동	보교과정	50	『조중』1934. 2. 1

<표 2>는 비교적 널리 알려진 사설교육기관으로 판단된다. 각 마을 등지에 설립된 개량서당이나 야학 등은 거의 파악되지 않았기 때문이다. 이는 동아일보사·조선일보사·조선중앙일보사 지국 등 지방주재원 활동과 밀접한 관련성을 지닌다.

한편 브나르드운동은 동아일보사 송파지국에서 만반의 준비를 했다. 그럼에도 당국인 광주경찰서는 이를 금지시킴으로써 진행될 수 없

었다. 대상지역은 중대면 송파리로 파견될 인원 2명이었다. 낙생면 판교리에서 대동상업학교 곽인영郭仁榮·임정빈任定彬 책임하에 8월 1일부터 31일까지 개최할 계획도 경찰서의 무성의로 무산되었다. 사설강습이기 때문에 반드시 군수의 허가가 필요하다는 이유였다. 인가에 필요한 시간은 1개월 이상이 소요됨으로 할 수 없

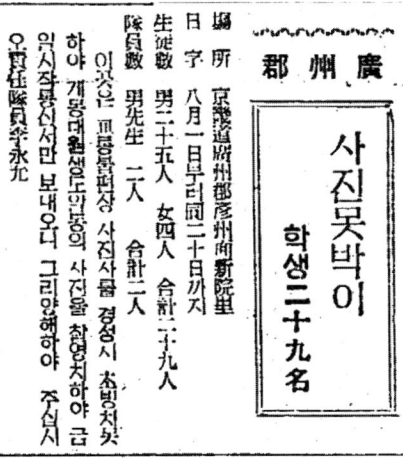

『동아일보』 1933년 8월 8일
「광주군 사진못박어 학생 29명」

이 철수하였다. 이듬해에도 마찬가지로 진행되지 못했다.

반면 언주면 신원리에서는 남자대원 2명에 의하여 1933년 8월 1일부터 12일까지 진행되었다. 교육을 받은 학생은 남 25명과 여 4명 등 29명이었다. 현지에 사진사가 없어 이들의 활동상이나 학생들 모습을 볼 수 없어 안타깝다.[56] 송인범宋仁範 책임하에 중부면 상대원리에서 1934년 7월 21일부터 8월 21일까지 개최된 계몽활동은 상당한 성과를 거두었다. 교육대상자는 6~10세로 전부 남자 43명이었다. 남한산공보교에 재

---

56) 『동아일보』 1933년 8월 4일 「1500 계몽대원활동, 학생하기계몽운동 동아일보사, 삼천리 촌촌에 글소리 낭랑, 광주군 광주서 금지」, 8월 8일 「1500 계몽대원활동, 학생하기계몽운동 동아일보사(각지대원소식(9), 삼천리 촌촌에 글소리 낭랑, 광주군 사진못박어 학생 29명」, 8월 10일 「1500 계몽대원활동, 학생하기계몽운동 동아일보사, 삼천리 촌촌에 글소리 낭랑, 광주군 허가 못얻어 군수인허가 얻으라」, 1934년 8월 31일 「성심으로 주로야학 공동제초로 경비보충, 본사 주최 제4회 하기계몽운동(16), 광주군 사정상 중지 후기를 기대할뿐」.

학 중인 학생이 다수를 차지하였다. 그의 열성적인 활동은 거의 문맹
을 퇴치할 수 있었다. 겨울에는 계수법을 가르치는 원대한 계획도 밝
혔다.[57]

농촌진흥회 지원으로 이루어진 경우도 있었다. 이듬해 홍윤표洪崙杓
책임하에 언주면 내곡리에서 8월 5일부터 20일까지 진행된 경우는 대
표적인 사례이다. 교육생은 남 28명과 여 26명 등 54명이었다. 고향
농촌진흥회와 협력은 경찰서 허가를 쉽게 얻을 수 있었다. 그는 마을
강습소 교사인 장석두張錫斗와 함께 활동하였다.[58] 이처럼 하기계몽활
동도 언론사의 취지와 달리 점차 식민체제 내로 포섭되고 있었다.

3. 농민운동의 전개

일제강점기 지주제는 일제와 미곡무역에 편승한 관료·고리대업자·
부농층이 토지를 집적하였다. 이는 토지조사사업 실시와 더불어 지주
경영 확대로 이어졌다. 반면 농민층은 토지를 매각하는 등 토지로부터
배제되어 소·빈농촌으로 몰락하여 갔다. 특히 산미증식계획이 추진되
면서 지주와 일제의 경제적인 수탈은 가중되었다.[59] 지주들은 일제 자
본주의체제에 재편되면서 더욱 확대되는 양상이었다. 미작지대米作地帶
확대는 이러한 실상을 여과 없이 보여준다.

---

57) 『동아일보』 1934년 9월 7일 「본사주최 제4회 하기계몽운동(3), 전토에
전개된 계몽전선, 광주군 문맹자 태무, 계수법은 동기에」.
58) 『동아일보』 1934년 9월 4일 「10일간 노력으로 눈뜨게되어 명랑한 생
활의 환회! 농어산촌에서 가갸거겨! 1 2 3 4! 본사 주최 제4회 하기계
몽운동(19), 광주군 반수 이상 해득 종료 후도 계속」.
59) 박섭, 『한국근대의 농업변동 - 농민경영의 성장과 농업구조의 변동』,
일조각, 1997.

　　한편 외국인 유입은 다른 지역에 비해 많지 않았다. 1927년 6월 현재 일본인은 97호에 357명(남자 188명과 여자 169명), 중국인 2호에 8명(전부 남자)만이 거주하는 상황이었다.[60] 하지만 일본인은 고리대금업이나 토지를 집적하는 등 경제적인 실권이 사실상 그들 수중에 있었다. 이는 빈농에 대한 경제적인 수탈을 강화하는 요인 중 하나였다. 전반적으로 농업 기반시설은 미약한 수준에 머물고 있었다.[61]

　　대부분 농민층은 농업생산비는 물론 생활비마저 잠식당하는 고율의 지대에 신음하고 있었다. 농가경제 파탄은 피할 수 없는 상황이었다. 소작농은 소작료 이외에 종자대·비료대·농기구대 등 경영비와 수리조합비·공과금 등의 각종 세금마저 부담하였다. 심지어 소작료 운반비도 부담하는 등 이중적인 착취가 만연하는 상황이었다. 정든 고향을 등지고 만주나 연해 등지로 떠난 농민들도 적지 않았다. 남종면 분원리에 거주하던 70여 호의 400~500명이 남만주로 이주한 사실은 이를 반증한다.[62]

　　대표적인 농민운동은 소작쟁의였다. 농민층 대부분은 소작농이었던 만큼 지주와 사이에 쟁의가 발생하는 것은 당연한 일이었다. 1920년대 전반 소작인단체가 결성된 지역은 다반사로 소작관계 개선을 요구하는 쟁의가 결렬하게 전개되었다. 당시 경기지방은 소작쟁의가 드물었다. 이는 대중운동단체 조직이 매우 침잠한 사실과 무관하지 않았다. 즉 지역에서 성장한 활동가들은 대부분 상경하여 서울에서 활동하

---

60)『동아일보』1927년 6월 29일「순회탐방(358), 산가수려한 백제의 고도
　　(1), 사면으로 산악이 중첩」.
61)『동아일보』1927년 6월 30일「순회탐방(358), 산가수려한 백제의 고도
　　(2), 사면으로 산악이 중첩」.
62)『조선일보』1927년 3월 16일「서간도 가는 동포 일동내만 500여명, 광
　　주 분원리」.

였기 때문이다. 또한 3·1운동의 격렬한 전개과정에서 인적·물적 토대도 많이 상실한 배경과 무관하지 않았다.[63]

경기지방 최초 농민단체는 노동공제회 지회였다. 노동공제회가 설립된 후 관내에 지회가 설립되었다. 1920년 6월 개성, 7월 강화, 8월 광주, 9월 인천 등지에는 지회를 조직하였다. 특히 이곳 광주는 박준호朴準浩에 의하여 주도되었다. 취지는 "순전한 농민만을 망라하여 성립된 무산계급의 노동기관으로 무산노동자를 위하여 그의 향상과 발전을 도모하기 위함"이었다.[64] 취지에서 엿볼 수 있듯이, 당시 노동자는 근대적인 공장노동자가 아니라 육체노동에 종사하는 농업노동자 즉 소작농 일반을 포함하였다. 1920년대 중반까지 조선노농총동맹 조직·활동은 이러한 사실을 잘 보여준다.

또한 조선소작인상조회 지회도 초기 농민단체 중 하나였다. 이는 친일파 송병준宋秉畯에 의하여 조직되었다. 목적은 친일지주들이 식민농업정책에 편승하여 자신들의 지지 세력을 획득하기 위함이었다. 몇몇 지회는 본회의 친일적인 행위에 반발하여 명칭과 조직을 달리하는 독자적인 농민단체로 전환되어 나갔다.[65] 광주지회는 안성·파주·진위·여주·수원·이천·양주 등과 더불어 대표적인 단체였다. 당시 회원은 250여 명으로 군청 소재지인 경안리에서 성대한 발회식을 거행하였

63) 김도형, 「농민운동」, 『경기도사(일제강점기)』 7, 경기도사편찬위원회, 2006, 207쪽.
64) 이경룡, 「1920년대 초반 노동운동의 분화과정; 조선노동공제회를 중심으로」, 『중앙사론』 8, 중앙사학연구회, 1995.
65) 『조선중앙일보』 1933년 10월 26일 「소작쟁의 방치책 망월수리총회 각처 지주간담회」, 1934년 1월 30일 「수십년간 경작하든 소작권 무리 이동, 78호의 소작인생로 막연, 경성 모지주에 비난성」·「『지세지주부담』의 공문을 구장들이 묵살, 광주 모면 구장들에게 비난성」.

다. 지회장 박치경朴稚敬 개회사에 이어 본부시찰원 정응설鄭應卨과 장
문환張文煥의 취지 설명과 회의 목적 설명, 군수 심종협沈鍾浹 축사와
신문기자 박기환朴箕煥의 답사 등이 있었다.[66]

　동부면과 구천면에 거주한 지주를 중심으로 망월望月수리조합 결성
도 여러 차례 시도되었다. 1923년 방규환方奎煥 농장사무소에서 개최
된 총회에는 200여 명이나 참여했다. 권업과장과 농무과장의 법규와
취지에 대한 설명이 있은 후 대표위원으로 방규환·김정호金正浩·한흥
수韓興洙 등 20명을 선출하였다. 위원장은 방규환이었다. 개간예산액은
35만 원 계획하에 이를 추진하기로 결정하였다.[67] 결실은 1925년에
어느 정도 수해를 방지하게 되었다. 방규환에 대한 공덕을 기리고자
송덕비를 동부면 장우리양수장에 세웠다.[68] 그는 서울 성동구에 사는
부재지주로서 전 126정보와 답 55정보를 소유하고 있었다. 수리조합
설치는 자신의 재산을 증식하는 한 수단임을 보여주는 대표적인 사례
가 아닌가 한다.[69] 하남지역에 조직된 농민단체는 <표 3>과 같다.

〈표 3〉 하남지역 농민단체 현황

명 칭	주요 임원	주요부서 및 활동상	회원수	출전
조선소작인상조회 광주지회	박치경	소작권 옹호, 회원 친목도모	200	『동』1922. 3.17

---

66) 『동아일보』 1922년 3월 17일 「小作相助廣州支會」.
67) 『동아일보』 1923년 2월 18일 「망월수리총회」.
68) 『동아일보』 1940년 4월 25일 「방규환씨 송덕비 제막식」, 5월 3일 「수
　　리의 은인 방규환씨 공덕비」.
69) 한국농촌경제연구원, 『농지개혁시 피분배주 및 일제하 대지주 명부』,
　　17쪽 ; 『동아일보』 1929년 3월 28일 「府議辭職後에 방규환씨 변명」 ;
　　박수현, 『일제하 수리조합 항쟁 연구―1920～1934년 산미증식계획기
　　를 중심으로』, 중앙대박사학위논문, 2001.

명 칭	주요 임원	주요부서 및 활동상	회원수	출전
노동공제회 광주지회	석혜환·박준호	무산계급 단결도모, 농민야학 설립, 강연회	수십명	『동』1927. 7. 1
망월수리조합	방규환 : 조합장, 김정호·한홍수 등 12명	농지정리, 관개수로사업, 신작로 개설	200	『동』1923. 2.18, 1940. 4.25, 5. 3
역둔토대조합	김치명 : 조합장		수십명	『동』1928. 8.11

한편 농임산물품평회 개최는 농민들 상호간 갈등을 부추기는 요인
이었다. 대체로 출품수는 2천 점 이하로 제한되었다. 취지는 농사개량
의 필요성과 농가부업 장려 등 농민들 의식을 일깨우려는 의도였다.
즉 식민지농정을 선전·홍보하려는 목적이 깊숙이 내재하고 있었다.
품평회 개회 중에 개최된 학예품전람회·적십자지부총회·백일장 등은
이를 반증한다. 특히 산업시찰단이나 임업시찰단 등은 이른바 '독농
가'篤農家인 중견인물들로 구성하였다. 저들은 식민농정 효과를 선전하
는 동시에 이를 모범적인 사례로서 부각시켰다.70)

한강변을 중심으로 자리 잡은 지리적인 영향도 적지 않았다. 제방
시설이 제대로 정비되지 않았던 당시 수재는 거의 연중행사처럼 일어
났다. 1925년 홍수는 이전과 비교할 수없는 상당한 피해를 유발하였
다. 오늘날 하남시인 동부면은 전체 3,400여 명의 인구 가운데 120명
의 사상자를 냈고 대부분의 백성들이 이재민으로 전락하게 되었다. 그
야말로 아비규환과 같은 비참하고 참담한 재해를 당하고 말았다. 수재
는 거의 연중행사처럼 다가왔다.71) 한재도 다른 지역과 마찬가지였다.

---

70) 『동아일보』1923년 8월 16일 「광주농림산물품평」, 10월 24일 「산업시
     찰단착발」, 1924년 11월 1일 「광주농산품평」, 11월 20일 「백일장수상
     식」, 1925년 5월 20일 「임업시찰단 來新」.
71) 『동아일보』1925년 8월 1일 「광주 주민의 곤경 주민은 전멸상태에 이

『동아일보』 1925년 8월 10일 「광주군 동부면 사자 120명」

충재와 맹수 출몰에 따른 경제적인 손실도 적지 않았다.[72]

　1928년 대흉작, 이듬해 세계적인 대공황, 농업공황에 따른 농산물 가격 폭락, 이에 따른 농촌경제 붕괴는 소작쟁의를 폭발적으로 증대시켰다. 1928년에는 전국적으로 1,600여 건에 달하는 소작쟁의가 빈발했다. 광주군농회는 한발에 대비한 지주회를 개최하는 등 소작인 진정에 노력하였다. 소작인에 대한 우선적인 식량 공급과 부업 장려 등은 이러한 의도에서 비롯되었다.[73]

르럿고 교통은 불편하야 구제치 못해」·「전일씨 참사 수재구제 중에 광주 송파로 갓다가 참사」, 8월 10일 「광주군 동부면 사자 120명」·「수리조합계획 이재민 응급구체책으로」, 8월 11일 「이재민 구제로 수리조합 기공, 광주군 동부면」, 1934년 8월 16일 「한강 일시 증수 광주와 교통두절」, 1938년 7월 10일 「광주 이천간 자동차 불통, 경안천이 범람하야」 ; 『조선중앙일보』 1933년 8월 2일 「여주, 광주의 수재피해」, 1936년 5월 23일 「광주 동부면에 동부수방단 조직」.

72) 『동아일보』 1927년 8월 4일 「광주에 늑대」, 8월 6일 「광주 충재」, 1939년 8월 26일 「한재극복 기원제 광주군에서 거행」.

73) 『동아일보』 1928년 10월 22일 「광주지주회 한재대책강구」.

이와 같은 여파는 혁명적 농민조합운동으로 진전되어 나갔다. 이는 시대적인 조류이자 역사적인 귀결점이기도 하다. 당시 경기도에 조직된 농민단체는 1931년 26개, 1932년 38개, 1933년 31개 등이었다. 이 중 합법적 농민조합운동이 전개된 지역은 부천·수원·진위 등에 불과하였다. 혁명적 농민조합운동도 양평·여주 등지였다.[74] 특히 후자는 주요 활동가들이 조기에 검거됨으로써 뚜렷한 성과도 없이 종말을 고하고 말았다.

각 면단위로 조직된 농촌진흥회는 농민운동을 급격하게 변질시키는 요인이었다. 군수 이하 전직원은 각 면을 순행하면서 조직을 독려하였다. 10월 1일 경안면을 필두로 시작된 면진흥회는 10월 26일 돌마면을 마지막으로 조직되었다. 이어 군내 자작농 창설을 위한 구체적인 계획안이 수립되었다. 계획에 따르면 13호를 선정하여 각 호당 답 4단보와 전 1단보(가격 660원)를 제공하였다. 상환조건은 24개년 년부로 이율은 3분 5리였다. 농촌진흥운동을 선전하기 위한 가장행렬도 군청 주최로 일광공립보통학교 운동장에서 화려하게 거행되었다. 자력갱생을 주제로 강연회도 광주공립보통학교에서 개최하였다. 강연회에는 천여 명에 달하는 청중으로 강연장을 가득 메웠다.[75] 인근 양평·여주·이천에 소재한 심상소학교 교장단도 여기에 동참하는 한편 적극적인 지도에 나섰다. 이들은 특히 소학교 졸업생 중 중견인물 양성에 상당한 관심과 지도를 아끼지 않았다.[76]

---

74) 지수걸, 『일제하 농민조합운동연구 - 1930년대 혁명적 농민조합운동 - 』, 역사비평사, 1993.
75) 『동아일보』 1932년 10월 27일 「광주농촌진흥협의회의 일정」, 11월 1일 「광주군내에 자작농 創定」, 11월 2일 「가장행렬로 농촌진흥 선전」, 1933년 2월 7일 「농촌진흥운동, 광주」.
76) 『동아일보』 1933년 2월 10일 「장호원서 4군 교장회의 개최」.

각 마을 단위로 하는 농촌진흥회 조직도 논의되었다. 긴급히 실행할 사항은 "교풍교화에 관한 건—관혼상제 비용제한·도박엄금, 생활개선에 관한 건—신호종 설치·부락의 청결·짚신계 장려, 산업개량에 관한 건—농구의 정리·가마니 제조·양우식산계 조직 등이었다. 민풍진작을 위한 강연회도 곳곳에서 빈번하게 개최되는 등 주민들 일상사를 지배체제 내로 견인하고 있었다. 시간 개념을 고취시키기 위하여 군청에서 매일 오전 6시와 정오에 싸이렌을 울리는 등 주민들 통제에 나섰다.[77] 이는 규율 속에서 일사불란한 마을통제를 수행하려는 의도와 결코 무관하지 않았다.

초월면 무갑리는 진흥회 설치 이후 금주단연을 실행하여 술집이 모두 사라졌다. 송본松本 경기도지사 시찰은 이를 널리 격려·선전하려는 의도와 무관하지 않았다. 광주는 황해도 곡산, 전남 완도, 강원도 강릉, 경기도 수원·여주 등과 더불어 모범적인 사례로 소개되었다. 1932년 12월 말 현재 관내 진흥회는 387개소에 회원수 14,494명, 새끼·가마니·멍석 등을 만드는 공동작업장 436개소였다. 이는 회원들에게 집단의식을 고취시키는 한편 작업에 대한 경쟁심을 유발시켜 상당한 성과를 거두었다.[78] 경안농촌진흥회는 자발적으로 경안부인회를 조직하였다. 이는 부인들도 농촌진흥운동에 모두 참여시키려는 의도에서 비롯되었다. 궁극적인 목표는 '부인해방'을 구실로 부녀자 노동력 수탈에 있었다.[79]

---

77) 『동아일보』 1932년 11월 6일 「농촌진흥협의회 광주 일제 종료」, 11월 13일 「민풍진작강연회」, 12월 14일 「지방개량 강습, 광주에서 개최」, 12월 30일 「광주에 싸이렌」.
78) 『동아일보』 1933년 1월 14일 「진흥회 설립후 주가가 전폐」, 2월 4일 「松本지사 시찰」·「농촌진흥운동, 광주」.
79) 『동아일보』 1933년 3월 21일 「광주부인회」.

식민지 농정체체로 편입된 대표적인 사례는 동부면 덕풍리자강회
였다. 1928년 동민 40여 명에 의하여 '자생적'으로 조직된 자강회는
생활개선과 산업개발을 표방하였다. 그동안 상당한 성과를 거두었으
나 농촌진흥회로 명칭을 변경하는 동시에 여기에 편입되었다. 이를 기
념하기 위하여 50여 종류 1천 점에 달하는 작품품평회를 개최했다. 군
수·경찰서장·순사부장, 상일공립보통학교·수리조합 직원 일동, 유만
겸兪萬兼·허현許鉉 등 유지들은 이들을 격려하는 차원에서 기부금을 내
었다.[80]

식량통제를 위한 미곡창고 준공은 일제의 농정정책을 극명하게 보
여준다. 동부면 신장리, 중대면 송파리, 낙생면 판교리에 미곡창고가
건설되었다.[81] 도립 면양장도 도척면 삼리에 설치하는 등 목축 확대에
힘썼다.[82] 중대면 송파리에는 양계장이 대규모로 건설되었다. 녹비증
식綠肥增殖은 전시체제에 순응하는 대표적인 사례 중 하나이다. 면직원
과 갱생부락담임자를 중심으로 개최된 갱생계획사무지도회는 전시체
제에 부응하려는 일환이었다. 도로품평회와 이에 대한 시상식도 주민
들을 전시체체로 동원하려는 속셈이었다. 근로의식 고취와 농업생산
력 증대를 위한 '농민데이' 기념식도 거행하였다.[83]

전시동원체제하 시국강연은 용산78연대 소좌 이강우를 초빙하여
광주공보교 강당에서 개최되었다. 주요 대상자는 광주군청과 광주경

---

80) 『동아일보』 1933년 2월 20일 「농촌진흥운동, 광주」, 3월 7일 「광주」.
81) 『동아일보』 1937년 7월 8일 「광주미곡통제, 3개 창고 준공」.
82) 『동아일보』 1937년 7월 8일 「경기도립으로 면양장 설치?」, 1938년 7월
    23일 「호주산 면양 20두 광주군에 수입배부(사진)」.
83) 『동아일보』 1937년 7월 9일 「광주군 송파에 양계장 신설」, 9월 28일
    「광주녹비증식장려」, 12월 10일 「면직원지도회 개최」, 12월 25일 「광주
    군도로품평회 표창식을 거행」, 1938년 10월 10일 「광주 농민데이 거행」.

찰서 소속 직원이었다. 군청직원은 헌법·행정법·형법·민법을 중심으로 한 강습도 받았다.[84] 조선군사령부는 마량건초馬糧乾草를 광주군농회 알선으로 이곳에서 구입하였다. 동부면 창우리와 중대면 송파는 매집소였다. 가마니짜기 증산계획과 경기대회 개최도 이러한 목적하에 추진되었다. 관내 소학교 교장과 임원을 소집한 수공과강습회도 전시체제에 부응하려는 의도였다. 교원을 중심으로 한 삭발 분위기 확산과 근로보국대 결성도 이와 무관하지 않았다. 광주군근로보국대와 애국부인회 광주분회 창단식은 당시 상황을 극명하게 보여준다.[85]

특히 지원병제 시행은 전시체제에 따른 극한 상황을 그대로 드러내었다. 중대면·대왕면 등 8개 면에서 지원한 청년은 50명이었다. 이들 중 엄격한 검사를 거쳐 19명이 선발되었다. 지병원제도를 널리 선전하려는 의도에서 군수와 경찰서장 등 관내 관공서 임원들을 중심으로 지원병후원회도 결성되었다. 회장 박기환朴箕煥, 부회장 전중종길田中宗吉 외 1명, 평의원 각 면장·각 주재소 수석·각 학교교장·지방유지 10명, 간사 전중田中 부장 등이었다.[86]

---

84) 『동아일보』 1937년 7월 30일 「광주 시국강연」, 8월 4일 「광주군청원 강습」.

85) 『동아일보』 1937년 8월 5일 「마량건초 매입 광주농회 알선으로」, 1938년 2월 10일 「10만매 목표로 광주 叺樾증산계획」, 4월 5일 「광주 면입직경기」, 7월 22일 「수공과강습회 광주군에서」, 7월 23일 「광주소학교교원 솔선하야 단발」, 8월 5일 「국민정신총동원 각지 결성식 성황」, 8월 7일 「광주군근로보국대 출동식을 성대 거행」, 8월 9일 「광주심상소학교 근로보국 勵行」, 10월 6일 「애부광주분회 총회」.

86) 『동아일보』 1939년 1월 31일 「지원병지원 50명」, 2월 8일 「지원병후원회 창립」.

4. 노동운동과 광주공산당협의회

인근 지역과 교류와 소통은 현실모순에 대한 경각심을 일깨우는 요인이었다. 친선 도모를 위한 체육대회 개최도 이러한 일환으로 추진되는 계기였다. 광주정구회 주최와 동아일보사·중외일보사 지국 후원하에 이천·용인 등 6개군 연합 정구대회는 이와 무관하지 않았다. 광주소학교에서 개최된 행사는 많은 이목을 받았다.[87]

제4회 근기축구대회는 광주중앙청년회 주최하에 광주체육회와 동아일보사 광주지국 후원으로 개최되었다. 7월 24~25일 양일간 광주공립보통학교 운동장에서 개최된 행사에 참가한 팀은 대부분 청년단체였다.[88] 행사 후 개최된 간담회는 상호간 주요 관심사를 토로하는 현장이었다. 음악회 개최도 마찬가지 목적에 따라 추진되었다.[89] 정서함양을 위한 행사는 성황을 이루었다. 계몽적인 활동도 주민들 현실인식을 심화시키는 요인으로 작용하였다. 상호간 교류와 소통은 긴밀한 유대관계를 결속시키는 한편 공동행동을 담보하는 기제나 마찬가지였기 때문이다.

읍내 상인들은 추석을 맞아 각희대회를 열었다. 중앙청년회는 음력 8월 18~19 양일간에 걸쳐 이를 개최하였다. 상품은 1등 소 한 마리, 2등 광목 1필, 3등 마포 1필 등이었다. 이러한 행사는 매년 추석을 전후하여 정기적으로 개최되었다.[90] 청년단체와 상인간 유대는 이해관

---

87) 『동아일보』 1927년 9월 9일 「6군 연합정구 광주서 개최」, 9월 28일 「6군 연합정구」.
88) 『동아일보』 1932년 7월 18~22일 「제4회 근기축구대회」.
89) 『조선일보』 1927년 7월 23일 「광주음악회성황」.
90) 『동아일보』 1927년 9월 7일 「광주 각희대회」, 1929년 8월 28일 「광주

계를 증진하는 가운데 협력적인 관계로 귀결되었다. 사회적인 불안감 고조와 성행한 미신에 대한 비판은 이를 분명하게 보여준다. '기생충' 무리라고 극단적인 표현은 주민들에게 경각심을 불러 일으켰다.[91]

광주공립보통학교후원회·도척공립보통학교기성회·송파공립보통학교기성회 등도 교육문제에만 한정되지 않았다. 임원진은 각종 사회단체 임원으로 활동하는 한편 주민들 생활향상을 위한 현안 파악에 노력하였다. 자발적인 의연금 모금은 관내 교육문제를 '사회적 공공성'에 대한 관심도를 반증한다. 송파공립보통학교 개교 10주년 기념식도 학부형과 졸업생 400여 명이 운집한 가운데 거행되었다.[92] 언주공립보통학교는 1927년 4월 21일 설립인가를 받았다. 총공사비 8,307원 중 면민 기부금은 6천원에 달하였다. 10주년기념 운동회 개최와 학생수 증가에 따른 학교 증축문제도 주민들 의연금으로 충당했다.[93]

주민들 의사를 무시한 면장에 대한 배척 등은 이러한 가운데 이루어졌다. 구장 등 선임에 대한 월권은 문제의 발단이었다. 동민대회는 방일동方日東·한용득韓龍得·김경석金敬石 등을 대표로 선출하였다. 이들은 면장과 직접적인 담판을 통하여 자신들의 요구를 관철시켰다. 이후 면통·폐합 부당성도 면민대회를 통하여 이를 관철시켜 나갔다.[94]

이러한 분위기 속에서 노동운동도 사회주의 이념 확산과 현장 활동

각회대회 이십구일부터」.

91) 『동아일보』 1932년 12월 30일 「미신 횡행, 광주 일기자」.
92) 『동아일보』 1927년 11월 12일 「공보교에 의연」, 1928년 6월 14일 「광주공보후원회총회」, 1월 21일 「도척공보교 창립기성회 조직 총예산 16천원」, 1934년 12월 22일 「송파보통학교 10주년기념」.
93) 『동아일보』 1927년 10월 13일 「언주공보교 낙성식」, 1937년 10월 6일 「수재피난경험자로 언주수방단 조직」, 10월 20일 「언주공보 추계운동」, 10월 25일 「지방논단, 언주공보교 증축을 촉함, 광주 일기자」.
94) 『동아일보』 1929년 3월 15일 「신면장에 비난 동민 무시한다고」.

『동아일보』1929년 3월 15일 「신면장에 비난 동민 무시한다고」

가들에 의하여 진전을 거듭할 수 있었다. 중심인물은 석혜환이었다. 계몽운동에 투신하는 등 민족해방운동을 통하여 그는 정치·사회체제와 경제구조를 변혁할 이상적인 사회를 구상하였다. "어떻게 하면 조선민족은 현상의 빈궁에서 벗어나 보다 나은 생활을 할 수 있을까"하는 문제는 주요 관심사였다. 1924년 2월 중부면 산성리 강현진姜炫辰 집에서 이길재李吉載·박준호朴準浩·최기철崔基喆 등 20여 명과 함께 광주노농산업장려회를 결성했다. 목적은 공동경작을 통한 공존공영과 이를 실행하는 공동기금에 의한 뽕나무 구입 등이었다.[95]

그는 집행위원장으로서 자기 집에 사무소를 정하였다. 표면적인 활동과 달리 무산대중의 단결에 의한 자본가에 저항하려는 목적이었다. 회원도 급속하게 증가하는 등 사회주의 이념에 공명하는 동지들도 증가되었다. 이듬해 봄에 무산대중을 위한 조직체로 변신을 시도했다. 무산자 중심인 남한노동공조회로 발전적인 해체는 이러한 의도 속에

---

95)『조선일보』1924년 6월 14일 「광주에 노농회」.

서 추진되었다.[96] 이와 동시에 무산아동에 대한 교양교육도 병행하였
다. 교사인 정영배·이양재 등은 계급의식을 고취시키는데 열성을 다
였다. 동시에 조선민족으로서 정체성을 견지하는 민족정신도 각성시
켰다. 이는 1930년대 하남지역 사회운동을 추동하는 밑거름이나 마찬
가지였다.

광주비밀결사 주요 혐의자 석혜환·정영배·구본흥具本興·최청룡崔青
龍 등은 영등포경찰서에 체포된 후 종로경찰서로 이감되었다. 이들은
경기도경찰부 다카무라高村 사찰계 주임의 직접적인 심문을 받았다.
주모자 중 석혜환 등 8명은 구속·송치되었다. 이들은 모두 하남지역
출신이었다. 직업은 상업·점원·중개업·면서기·농업 등 매우 다양한
계층이었다. 안양·인천·영등포·원주 등지에 활동한 사실은 교류에 의
한 정보를 공유할 수 있었다. 주요 활동가에 대한 거주지와 직업 등
경력일반을 정리하면 <표 4>와 같다.

<표 4> 광주공산당협의회 주요 활동가 경력일반

성 명	거주지	신분 직업	나이	검사 처분	비고
석혜환	광주군 중부면 산성리 497	상민 무직	46	공판회부	
정영배	광주군 중부면 산성리 138	상민 자전거상	25	〃	
金興鍾	시흥군 서이면 안양리 金元植方	상민 점원	35	〃	
최청룡	광주군 중부면 산성리 143	상민 행상인	33	기소유예	
具滋弘	광주군 서부면 감일리 246	양반 大工	26	공판회부	
具本興	공주군 구천면 둔촌리 322	양반 중개업	30	〃	
具泰會	서대문형무소	양반 점원	26	수감	
具昶書	인천부 화평리 275	양반 안경점	24	공판회부	
具喜書	광주군 서부면 감일리 328	양반 면서기	24	기소유예	

96) 조선총독부 검사국, 「昭和十年 一月 乃至 十月 社會運動情勢」, 『思想
彙報』 5, 1935 ; 조규태, 「일제강점기 석혜환의 민족해방운동」, 『광주
지역의 항일의병항쟁 및 3·1독립운동(발표문)』, 76쪽.

성 명	거주지	신분 직업	나이	검사 처분	비고
李良載	시흥군 동면 본동리 383	상민 점원	27	공판회부	
具完會	광주군 서부면 감일리 246	양반 농업	30	기소유예	
李順應	시흥군 서이면 안양리 김원식방	상민 점원	31	〃	
金貴用	원주군 신림면 신림리 번지미상	상민 점원	35	〃	
姜建榮	광주군 중부면 산성리 48	상민 농업	25	〃	

이른바 광주공산당협의회 주모자 석혜환·정영배·구승회具承會 등은 6년 전부터 중부면 산경리에 남한산노동공조회를 조직한 후 면민들에게 공산주의사상을 전파하였다. 광주경찰서 추적을 받자 광주공동조합으로 명칭을 변경하였다가 1935년 11월 지하운동으로 방향전환을 모색했다. 이들은 '불온서적' 100여 권을 구입하여 매월 1회식 노동회관에 모여 공산사상선전삐라를 제작·배포하였다. 전위투사 수십 명을 서울·인천·영등포·노량진 등 각 공장에 잠입시키는 실천운동에 들어갔다.[97] 조기에 전모가 드러남으로써 계획은 수포로 돌아가고 말았다. 이는 하남지역 노동운동 종말을 고하는 '전주곡'이었다.

지역의 경계를 넘어선 사회주의운동은 하남지역 대중운동과 관련하여 시사하는 바가 크다. 계급타파를 통한 인류평등의 보편적인 가치관에 입각한 활동상은 더욱 커다란 의미를 부여할 수 있다. 지나간 역사가 아닌 자유·평등 나아가 교류와 소통이 지닌 진정한 의미를 여기

---

97) 『동아일보』 1936년 2월 4일 「광주적색비밀 혐의 경찰부에서 취조 개시 영등포서에서 3명을 옮겨다가 취조 따라 의외방면으로 확대」, 3월 6일 「광주공당협의회사건 금조 10명만을 송국 서적 회람, 삐라를 작성해 배부 전위대는 공장에 잠입」 ; 『조선중앙일보』 1936년 3월 6일 「광주공산당협의회 제1차로 10명 송국 남한산성에서 비밀히 회합 경인 산업기관에 잠입활동」, 3월 17일 「광주공산협의사건 관계자 8명 기소, 경성지방법원 공판으로 회부 5명은 불기소 석방」, 4월 22일 「광주공산당사건 2명만 체형언도 5명은 집행유예로」.

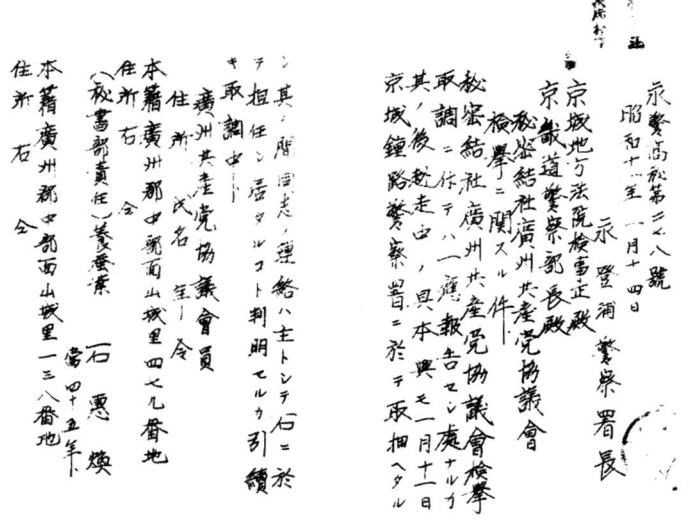

석혜환 판결문

에서 찾을 수 있지 않을까 한다.

5. 맺음말

중일전쟁은 일제가 광란으로 질주하는 '분수령'이었다. 「국가총동원령」에 의한 전시체제는 한민족 정체성을 무참하게 훼손시켰다. 학교는 전쟁에 필요한 인적 자원을 충원하는 '병영기지'로 전락하고 말았다.[98] 지원이나 자원을 빙자한 징병·징용은 이를 그대로 보여준다. 특히 민족말살정책에 따른 창씨개명, 신민서사 낭독, 신사참배, 일본어상용화 등은 발악적인 최후의 실상이었다. 하남지역도 이러한 분위기에서 결

---

98) 김형목, 「부산지역 근대교육과 학교생활의 변화」, 『근대의 기억, 학교에 가다』, 부산근대역사관, 2001 참조.

코 예외일 수 없었다.

관내 공립보통학교 교장과 훈도 등으로 구성된 광주교육회는 식민지교육을 견인하는 단체였다. 경안신사 광장에서 거행한 정신작흥대회精神作興大會는 이러한 본질을 유감없이 드러내었다. 이는 전시체제에 부응하려는 예비적인 모임이나 마찬가지였다.[99] 학생은 물론 훈도 등 학교통제와 감시를 위한 정지작업 일환이었다. 계몽적인 활동마저도 전혀 허용되지 않는 경색된 국면에 처하였다.

국방헌금은 전시체제에 순응적인 측면을 여과 없이 보여준다. 광주공립보통학교생 오인환吳寅煥·강인원姜仁遠·김은기金殷基 등은 길가에서 주운 돈을 광주경찰서에 곧바로 신고하였다. 주인이 사례금 2원을 주자 이를 국방헌금으로 내었다. 더욱이 전교생 600여 명은 경안교 건설공사장에서 자갈을 주워주고 받은 대금 5원47전을 헌금하였다. 제3차 「조선교육령」에 즈음한 신사참배는 '황국신민'으로서 모습을 극명하게 보여준다.[100] 재향군인회 광주분회는 군사강연을 실시하였다.[101] 이처럼 일부는 식민지배체제 내로 견인되는 등 부정적인 측면을 부인할 수 없다.

반면 일제강점기 하남지역 항일대중투쟁은 간단없이 전개되었다. 인근 지역에 비하여 상당히 미온적인 전개양상은 부정할 수 없다. 그러한 원인이나 당시 상황을 이해하려는 노력은 중요한 의미를 지닌다. 지나간 과거라고 결코 현재 우리의 삶과 결코 유리될 수 없기 때문이다. 아

---

99)『매일신보』1936년 6월 15일 「광주교육회총회」, 12월 18일 「사리를 채취해」, 1938년 4월 6일 「각지의 축하식, 광주」.
100)『동아일보』1937년 11월 23일 「국방헌금·위문금, 광주」, 12월 18일 「사리를 채취해」, 1938년 4월 6일 「각지의 축하식, 광주」.
101)『동아일보』1938년 6월 7일 「광주 군사강연」.

니 현재적인 삶을 반추하는 '연결고리'나 마찬가지이다. 하지만 일부 활동가를 제외하고 이들에 대한 활동상은 여전히 미궁 속에 남아 있다.

최소한 당시 조직된 단체에 대한 사실 파악 등이 선결된다면, 대중투쟁의 역사적 의미는 재발견되리라 전망한다. 과거가 아닌 현재 우리 삶을 보다 풍요롭게 하는 조그마한 '에너지원'으로서 말이다. 나아가 '저항과 순응'이나 '항일과 친일'이라는 이분법적 인식에서 벗어나야 할 시점이다. 단순한 역사인식 틀에서 당시 상황 이해는 많은 한계를 지닐 수밖에 없기 때문이 아닌가 한다.

특히 종교단체 활동도 중요한 부분을 차지한다. 천도교구는 청년운동과 밀접한 연관성을 지닌다. 창립총회는 물론 소년단체 결성이나 주요 활동가는 이와 무관하지 않기 때문이다. 이종훈과 연결문제, 한순회 활동상, 신간회 광주지회 주도세력의 성격 등등은 바로 여기에서 실마리를 찾을 수 있지 않을까 한다.

이를 위한 우선적인 과제는 일제강점기를 경험한 세대에 대한 증언 채록이다. 구술사에 의하여 부족한 사료는 어느 정도 공백을 보충하리라 생각된다. 또한 하남 근현대사와 관련된 사진이나 조그마한 편린들도 수집·정리할 필요가 있다. 기초적인 작업과 함께 공간된 자료에 대한 재검토가 요청된다. 또한 선열들이 폭압적인 질곡에서 벗어나려고 노력했던 현장에 대한 탐색도 모색되어야 한다.

〈참고문헌〉

『동아일보』, 『조선일보』, 『시대일보』, 『중외일보』, 『중앙일보』, 『조선중앙일보』, 『매일신보』.

『천도교회월보』, 『이종훈선생수기(자필, 개인소장)』, 『묵암비망록』.

『조선총독부관보』, 『통계년보』, 『시정년보』, 『사상휘보』.

강만길·성대경, 『한국사회주의운동인명사전』, 창작과비평사, 1996.

경기도, 『경기도세개요』, 1936.

경기도경찰부, 「석혜환 신문조서(1936년 2월 3일)」.

경기도경찰부, 『치안개황』, 1928.

영등포경찰서, 「비밀결사 광주공산당협의회 검거 송국에 관한 건(1936년 3월 9일)」, 『경찰정보철 공(소화11년)』.

경기도경찰부, 「비밀결사 광주공산당협의회 사건 검거에 관한 건(1936년 4월 9일)」, 『경찰정보철 공(소화11년)』.

경기도사편찬위원회, 『경기도 항일독립운동사』, 1995.

경기도사편찬위원회, 『경기도사(일제강점기)』 7, 2006.

국사편찬위원회, 『한민족독립운동사자료집』－별집 4, 2003.

독립운동사편찬위원회, 『독립운동사자료집』, 1968~1976.

광주군지편찬위원회, 『광주군지』, 1990.

광주시사편찬위원회, 『광주시사』, 광주시·광주문화원, 2010.

김형목, 『대한제국기 야학운동』, 경인문화사, 2005.

김형목, 『교육운동－한국독립운동의 역사 35』, 한국독립운동사편찬위원회·한국독립운동사연구소, 2009.

이균영, 『신간회연구』, 역사비평사, 1993.

하남시사편찬위원회, 『역사도시 하남』, 2001.

김도형, 「농민운동」, 『경기도사(일제강점기)』 7, 경기도사편찬위원회, 2006.

김인덕, 「청년·농민·노동운동」, 『역사도시 하남』, 하남시사편찬위원회, 2001.

김형목, 「1920년대 전반기 경기도 야학운동의 실태와 기능」, 『한국독립운동사연구』 13, 한국독립운동사연구소, 1999.

박철하, 「일제강점기 독립운동」, 『광주시사』 1, 광주시사편찬위원회, 2010.

서승갑, 「일제강점기 성남지역의 노동운동」, 『성남문화연구』 9, 성남문화
　　　원, 2002.

성주현, 「한말·일제강점기 이종훈의 항일민족운동」, 『광주지역의 항일의
　　　병항쟁 및 3·1독립운동(발표문)』, 광주시·광주문화원, 2011.

성주현, 「일제하 성남(광주)지역 신간회의 인물들」, 『일제하 성남(광주)지
　　　역 신간회 연구 발표문』, 성남문화원, 2010.

성주현, 「1920년대 경기지역의 천도교와 청년동맹 활동」, 『경기사학』 4,
　　　경기사학회, 2000.

성주현, 「일생을 교회와 민족에 바친 정암 이종훈」, 『신인간』 573, 1998.

이만열, 「신간회 운동과 그 역사적 의의」, 『일제하 성남(광주)지역 신간회
　　　연구 발표문』, 성남문화원, 2010.

이지훈, 「근대의 교육기관」, 『광주시사』 6, 광주시사편찬위원회, 2010.

조규태, 「일제강점기 석혜환의 민족해방운동」, 『광주지역의 항일의병항쟁
　　　및 3·1독립운동(발표문)』, 광주시·광주문화원, 2011.

조성운, 「일제하 광주지역의 신간회운동」, 『사학연구』 100, 한국사학회,
　　　2010.

조성운, 「정암 이종훈의 국내에서의 민족운동」, 『숭실사학』 25, 숭실사학
　　　회, 2010.

한상도, 「3·1운동 이후 광주군 항일민족운동의 지방사적 전개」, 『남곡재
　　　최홍규교수 정년기념사학논총』, 동간행위원회, 2005.

한상도, 「일제하 성남지역의 항일민족운동」, 『일제하 성남지역의 민족해
　　　방운동 양상』, 성남문화원, 2003.

「하남지역 항일대중투쟁의 전개」 토론문

김 인 식

(중앙대학교 교수)

발표문은 지금까지 하남지역에 대한 항일대중투쟁에 대한 연구성 과를 집대성한 점에서 의미를 찾을 수 있다. 대중투쟁은 이른바 민초들의 삶에 대한 발자취를 추적하는 과정이다. 그런 만큼 지역사에 대한 연구는 많은 어려움을 수반할 수밖에 없다. 주요한 요인은 연구자들의 안이한 태도에서 비롯된 것으로 생각된다. 포풀리즘에 버금가는 연구 성과는 이러한 사실을 그대로 보여준다.

문화사·지방사(적게는 지역사) 등의 중요성을 간과하는 연구자는 존재하지 않은 것 같은 '환상'을 느낀 적이 한 두 번이 아니다. 그럼에도 지역사를 주제로 학술회의를 개최하는 일은 거의 없었다. 지방자치제와 관련하여 애향심이나 주민들(지역민) 자긍심 고취를 위한 이벤트 행사는 빈번하다. 수십억을 투자하는 '황홀함'에 입안이 벙벙할 뿐이다. 우리에게 너무나 익숙한 일요일 'KBS 전국노래자랑'이 장수하는 프로그램으로 자리 잡은 사실은 이러한 사실을 그대로 반증한다.

이와는 대조적으로 '자기고향'을 재발견하려는 노력은 너무도 미진하다는 느낌이다. 하남시의 경우도 예외는 아니다. 물론 일부 연구자들의 열성이 전혀 존재하지 않는다는 의미는 결코 아니다. 오늘 학술회의는 이러한 분들의 열정에 의하여 추진되었다고 해도 과언이 아니다. '하남시민'의 정체성 정립을 위한 기초적인 작업과 지원이 이번 학술회의를 통하여 이루어지기를 바란다. 이는 미래를 위한 조그마한 과업이자 오늘 우리들 삶을 윤택하게 하는 요소라고 자신할 수 있지 않을까 한다. 정기적인 학술회의와 하남인들의 적극적인 동참을 통한 시민들의 전폭적인 지원에 따른 학술회의를 기대하여 본다.

둘째는 하남지역 전반을 이해할 수 있는 항일운동 전반에 대한 연구 성과를 집대성할 필요성이 있다. 지방자치제는 시민들 자발적인 참여를 견인하는 작업이 뒤따라야 바로미터를 세우는데 필수적인 요인이다. 이는 지역사에 대한 지극한 애정과 이해에서 비롯된다. 그런 만큼 '시민정체성' 확립을 위한 기초적인 연구는 필수적인 작업임에 틀림없다. 이들의 삶의 역정이 우리에게 일상사로서 다가올 수 있는 하나의 지침서가 될 수 있지 않을까 한다.

셋째는 한국근현대사의 다양한 변화처럼 특히 근대사에 대한 작업이 요구된다. 일제강점기 하남지역 활동가들은 지난한 역정 속에서 자신의 의지를 관철하기 위하여 노력하였다. 이들의 삶을 우리 후손들에게 제대로 알리는 한편 그러한 삶의 의미를 재조명할 필요성이 시급하다. 일제강점기 항일대중투쟁이 갖는 진정한 의미와 동시에 식민지배 체제로 편입될 수밖에 없는 사실도 가감없이 정리해야 하지 않을까 하는 느낌이다. 이번 발표는 그러한 문제를 제기한 점에서 중요성과 아울러 상당한 시사점을 지닌다. '화려한 과거'에 머물지 않는 객관적인 연구 성과를 기대한다. 한말 하남지역 변동과 관련된 인물에 대한 세밀하고도 정치한 분석이 병행되기를 바란다. 이들은 일제강점기에 이곳 대중투쟁을 주도하는 인물이었기 때문이다. 특히 사립학교설립운동이나 국채보상운동에 참여한 인물과 이들의 향후 활동상은 '계승과 발전'이라는 측면에서 분석할 필요성을 느낀다.

넷째는 인물에 대한 객관적인 분석이 요구된다. 하남지역인을 대표하는 인물은 과연 누구인가 하는 문제와 직결된다. 건강한 시민은 결코 하루아침에 탄생할 수 없다. 하남인 정체성도 마찬가지라고 생각된다. 국제화시대에 부응한 '하남인상' 정립을 위한 기초적인 작업에서 시급한 과제이다. '친일과 항일'의 이분법적인 차원을 훌쩍 뛰어넘는 안목에서 '우리는 누구인가'를 되짚어 볼 시점이다. 친일에 경도된 하남인에 대한 재조명도 병행하는 거시적인 사관이 필요하다. '자신만을 위한 삶이 아니라 더불어 사는 삶의 지혜'를 위한 기초적인 과제로서 말이다.

다섯째는 근대교육이 하남인에게 끼친 공과에 대한 문제이다. 근대교육은 민주시민을 올바르게 육성하는 지렛대였다. 하지만 한국근대사는 '충량한 제국신민'을 육성하는 방편으로 활용되었다. 만주사변 이후 이러한 부분은 극명하게 들어난다.

마지막으로 구술사에 대한 중요성이다. 하남지역 근현대사에 대한 공식적인 기록은 너무 소략하다. 이를 보완하는 과정은 생존한 분들의 증언이 필수적인 부분임을 누구도 부인할 수 없다. 적극적인 관심과 아울러 하남시를 사랑하는 태도가 요구된다.

日帝下 廣州地域 新幹會의 活動

조 성 운

(경기대학교 강사)

1. 머리말
2. 신간회 광주지회의 조직 배경
3. 신간회 광주지회의 조직과 활동
4. 맺음말

1. 머리말

1927년 2월 민족협동전선으로 조직된 신간회는 민족주의자와 사회주의자가 일제의 타도와 조선의 독립을 위해 단일 조직을 결성하였다는 점에서 매우 중요한 의미를 지닌다.

신간회에 대한 본격적인 연구는 1977년 미즈노 나오키水野直樹에 의해 처음으로 이루어졌다고 할 수 있다.[1] 이 연구에서 그는 평양지회와 단천지회의 사례를 통해 신간회 지회의 활동을 소개하였다. 이후 이균영이 지회설립에 따른 신간회의 조직형태에 관한 연구[2]를 수행하였다. 그는 신간회를 주제로 한 박사학위논문을 제출하였고 이를 정리해 1993년 『신간회연구』로 간행하였다.[3] 그의 연구에 의해 신간회 지회는 그 설립을 청년단체가 주도하였다는 점, 지회 내부에서 민족주의자와 사회주의자의 갈등이 일어나지 않았다는 점, 1929년을 전후한 시점에서 지회의 주도권을 사회주의자들이 갖게 되었다는 점, 지회의 활동은 주로 생활·생존권운동, 계몽운동, 민족문제와 관련된 사안들의 여론화, 부문운동과 관련된 조사와 진정활동이 많았다는 점, 노동운동과 농민운동에 대한 신간회 지회의 지도권이 확립되지 못하였다는 점, 지역적 차이는 있으나 신간회 해소운동이 혁명적 농노조운동과 결합해 가고 있었다는 점 등이 밝혀졌다.

이균영의 연구 이후 신간회 지회에 대한 연구는 보다 다양한 관점

---

1) 水野直樹, 「新幹會運動に關する若干の問題」, 『朝鮮史研究會論文集』 14, 1977.
2) 이균영, 「支會設立에 따른 新幹會의 '組織形態' 검토」, 『韓國學論集』 11, 1987, 195쪽.
3) 이균영, 『신간회연구』, 역사비평사, 1993.

에서 이루어지고 있다. 즉 지회 차원에서 민족주의자와 사회주의자 간의 결속의 근거를 해당지역의 사회적 조건과 결부시켜 해명한 연구가 제출되었다. 이를 통하여 수원과 안동지역의 신간회운동의 경우 지회의 간부들이 집성촌 출신으로서 문중 관계가 신간회운동의 전개에 크게 영향을 미쳤음이 밝혀졌다.[4] 또한 부산지회의 경우에는 지역사회운동에서 새롭게 성장한 인물들이 지회 활동의 중심축으로 성장하고 있었음을 확인할 수 있었다.[5]

이러한 신간회 지회에 대한 연구의 흐름 속에서 경기도 광주지역의 신간회운동에 대한 연구는 3·1운동 이후 상대적으로 지역사회의 민족운동이 저조하였던 지역에서 신간회운동이 어떠한 경로를 통해 이루어지고 있는가를 확인할 수 있는 대표적인 사례라는 점에서 의미있다고 할 수 있다. 이는 신간회가 전국 조직으로서 설립될 수 있었던 배경을 이해하는 데 좋은 사례가 된다고 생각한다. 그리고 이러한 지역에서 행해진 지회활동이 일반적인 신간회 지회 활동의 특징과 부합하는가 하는 점을 확인할 수 있다면 그 의미는 더욱 커질 것이라 생각된다.

이와 같은 점에 유의하면서 필자는 광주지역의 교육운동과 민립대학설립운동, 청년운동 등의 사회운동을 신간회 광주지회의 조직 배경으로 살핀 후 신간회 광주지회의 조직과정과 활동을 실증적으로 살필 것이다. 이를 통해 광주지역의 신간회운동이 한국민족운동사에서 어떠한 의미와 위치를 갖는가를 확인할 수 있기를 기대한다.

---

4) 조성운, 「일제하 수원지역의 신간회운동」, 『일제하 수원지역의 민족운동』, 학자료원, 2003 ; 이현정, 「신간회 안동지회의 성립과 활동」, 『안동사학』 7, 안동사학회, 2002.
5) 강재순, 「신간회 부산지회와 지역사회운동」, 『지역과 역사』 1, 부산경남역사연구소, 1996.

2. 신간회 광주지회의 조직 배경

잘 알려져 있듯이 신간회 지회의 설립은 각 지역을 중심으로 활동하던 단체의 연합회나 청년단체에 의하여 이루어졌다.[6] 광주지역의 신간회 역시 3·1운동 이후 조직되었던 사회운동단체 혹은 민족운동단체의 활동의 연장선에서 조직되었다고 할 수 있다. 그리고 광주 곳곳에서 설립되었던 학교, 야학, 강습소 등의 민중교육 역시 이러한 흐름에 일정한 역할을 하였다. 이는 1920년대 광주지역 민족운동의 흐름이 민족협동전선인 신간회의 조직으로 귀결되고 있는 것에서 알 수 있다.

이와 같이 광주지역에서 신간회가 조직될 수 있었던 것은 민족운동의 역량이 성장, 강화되었다는 점과 식민지 지배권력의 조선 민중에 대한 경제적 불이익의 강제와 억압적 태도, 그리고 이에 따른 농민의 몰락에 기인한 바 크다고 할 수 있다. 즉 광주지역에서는 1922년 12월 동양척식주식회사 소작인의 연명서 작성사건[7]이나 소작인 조병주曹秉周의 자살미수사건,[8] 조선인 주조업자酒造業者의 면허를 취소하고 일본인 주조조합酒造組合만을 인정한 사건[9] 등 식민지 지배권력의 수탈과 억압이 끊이지 않고 일어났다. 이는 남종면 분원리에 거주하던 70여호 4~5백 명의 농민이 경제적 곤란으로 남만주로 이민을 떠난[10] 사실에서 볼 수 있듯이 광주지역 농민들의 경제적 몰락이 점차 가속화되

---

6) 이균영, 앞의 논문, 『韓國學論集』 11, 1987, 195쪽.
7) 『조선일보』 1922년 12월 7일, 「廣州에도 東拓을 非難」.
8) 『조선일보』 1922년 12월 19일, 「小作人이 自刎 동척회사의 학대로 이 세상을 비판하고」.
9) 『조선일보』 1926년 3월 15일, 「日人을 爲하여 朝鮮人酒造를 取消」.
10) 『조선일보』 1927년 3월 16일, 「西間島 가는 同胞 一洞內만 五百餘名 광주 분원리」.

고 있었던 것이다. 그런데 이 글에서는 이러한 측면을 모두 살펴볼 수 없으므로 광주지역 민족운동의 역량이 강화되는 측면을 중심으로 신간회 광주지회의 설립 배경을 살피도록 하겠다.

1) 교육운동

먼저 광주지역의 민족의식 성장과 밀접한 관련이 있다고 보이는 야학, 강습소, 학교 등 교육기관의 설립을 중심으로 교육운동에 대해 살펴보자. 1899년 음력 11월 20일 최정섭 등 3명이 동부면 온천리에 사립학교를 개설하고 역사, 지지, 산술, 심상소학독본 등을 교수하였다.[11] 이 학교는 劉鎭沂가 교감으로 있었고,[12] 교명을 광주사립시흥소학교라 한 것으로 보인다.[13] 1900년 10월에는 유지들이 전田 2일경日耕, 답畓 9두락斗落, 전錢 80원을 모아 이윤종李胤鍾의 집에 소학교를 설립하였고,[14] 안교행安敎行도 자산을 출연하여 학교 설립을 학부에 청원하였다.[15] 퇴촌면의 안경돈安景敦도 안교행을 교사로 사립소학교를 설립하였다.[16] 또 정부가 설립한 광주부공립소학교,[17] 대왕면 수서동 공립소학교가 있었다. 수서공립소학교는 전 승지 이윤종李胤鍾의 청원에 의해 설립되었으나 학부의 예산 지원이 불비하여 지역 유지들의 원

---

11) 『황성신문』 1899년 1월 25일, 「學校開設」.
12) 『황성신문』 1899년 11월 15일, 「寄書」.
13) 『황성신문』 1899년 6월 24일, 「論說」; 『황성신문』 1899년 11월 15일, 「寄書」; 『황성신문』 1900년 1월 24일, 「廣塾經驗」; 『황성신문』 1900년 6월 16일, 「時興校의 落成式」 등을 참조.
14) 『황성신문』 1900년 10월 27일, 「廣州學校」.
15) 『황성신문』 1901년 10월 23일, 「捐財設校」.
16) 『황성신문』 1902년 1월 25일, 「冒稱敎師」
17) 『황성신문』 1901년 3월 26일, 「學事」.

조에 의해 유지되었다.[18) 수서학교의 교감은 이윤종으로서 곽윤환, 원
성범 등의 후원이 있었다.[19) 그런데 곽윤환은 1909년 공립광주보통학
교의 교사로 발령받는 것으로 보아 수서학교의 교사였을 가능성이 있
다.[20) 그리고 일진회 총대 이중창李重昌의 청원에 의해 유영시이아留營
時貳衙 소속所屬 이청吏廳 10간에 학교를 설치하였고,[21) 광주부윤 오태
영吳泰泳이 유지들을 권유하여 전 영고청營庫廳에 학교를 설립하여[22)
학교명을 광홍사립학교廣興私立學校로 정하고 교사 권태형權泰珩을 초빙
하여 일어, 산술, 지지, 역사, 물리, 법률 등을 교수하였다.[23) 그리고
1906년 11월 2일 안태원安泰遠, 송달현宋達顯(이상 전 군수), 안종엽安鍾曄,
남정숙南廷肅(이상 전 주사), 남성희南星熙(宗廟令), 정기진鄭箕鎭(전 참봉), 박교
륜朴教倫, 남대희南大熙,[24) 유면영柳冕永, 황희명黃義明, 안종찬安鍾贊, 정
운린鄭雲麟(진사) 등 12명의 발기와 교장 오태영吳泰泳(400원), 교감 안종
화安鍾曄(360원), 부교장 송달현宋達顯(340원) 등 39명이 총 2,617원의 기

18) 『황성신문』 1905년 4월 13일, 「廣校漸旺」.
19) 『대한매일신보』 1908년 5월 20일, 「수서교흥왕」.
20) 『황성신문』 1909년 7월 3일, 「官報」.
21) 『황성신문』 1905년 9월 20일, 「設校借廨」.
22) 『황성신문』 1906년 2월 27일, 「廣尹設學」; 『황성신문』 1906년 3월
30일, 「設校請舍」.
23) 『황성신문』 1906년 7월 16일, 「廣府廣校」.
24) 동일인인지는 확실하지 않으나 의병두령 남대희가 일진회 지부를 불태
우고 자신의 집을 불태우며 죽기를 맹세하였다고 한다(『대한매일신보』
1907년 8월 27일, 「지방정형」). 그리고 또 다른 남대희는 경안면 자위
단장으로서 의병 4명을 체포하여 광주군 수비대에 넘겨 4000량의 포상
금을 수령한 결과 1908년 4월 16일 의병 400여 명이 그의 집에 침입하
여 그를 무수히 난타하였다고 한다(『황성신문』 1908년 4월 19일, 「南
氏被打」). 이 결과 그는 사망하였다(『대한매일신보』 1908년 10월 9일,
「자위단장피살」).

금을 모아 광주사립한산학교廣州私立漢山學校를 발기하였다.[25] 또 광주
군수 오태영은 유진형과 협의하여 학교를 설립한 후 학교 유지 방안으
로서 대소인민 대중과 회동하여 초요稍饒한 인민은 매호每戶 기두조幾
斗租를 수합하여 각기 동洞으로 임치任置하고 매년 매석두每石斗에 5두
씩 식리殖利한 이자로 학교에 보용補用하기로 결정하였다.[26] 또 송파나
루의 운선영업인運船營業人들이 회사를 조직하여 영업을 개량하고 각기
연금捐金을 내어 학교를 설립하고자 하였는데 이에 군수 오태영이 300
원을 기부하는 등 수천원의 기금이 모였다.[27] 그리고 동북면에는 광명
학교가 설립되어 있었으며,[28] 퇴촌면 족자동의 박제선朴齊先은 사립학
교를 설립하여 초동목수樵童牧竪에게 농리農理를 교수하였고,[29] 퇴촌의
정윤하鄭允夏, 남일우南一祐 역시 학교를 설립하여 초동을 교육하였
다.[30] 이외에도 초월면 산리동의 김종법金宗法은 명륜학교를 설립하였
다.[31] 한편 광주지역의 학교들은 연합운동회를 개최하기도 하였다. 광
홍학교, 광성학교,[32] 한산학교, 수서학교, 광릉학교 등 5개 학교가 광
홍학교에 모여 연합운동회를 개최하였던 것이다.[33]

그런데 광주지역의 학교들은 재정이 좋은 편은 아니었던 것 같다.

---

25) 『황성신문』 1906년 11월 2일, 「私立漢山學校發起人」.
26) 『황성신문』 1906년 11월 27일, 「廣州妨校起鬧」.
27) 『황성신문』 1907년 2월 2일, 「松坡設校」.
28) 『황성신문』 1907년 5월 27일, 「廣明校運動」.
29) 『황성신문』 1908년 4월 14일, 「農理教授」
30) 『황성신문』 1908년 5월 22일, 「夜學發展」
31) 『황성신문』 1908년 5월 27일, 「明倫設立」.
32) 광성학교는 대략 1905~1906년 무렵 중재면 송파에 설립된 것으로 판
    단된다. 1909년 현재 교사 金昌鎭의 열성으로 晝夜 學生數가 수백 명
    에 달하였다(『畿湖興學會月報』 11, 1909년 6월, 50쪽).
33) 『황성신문』 1908년 5월 24일, 「廣校聯合運動」.

그리하여『황성신문』은 논설에서 시흥학교의 설립 이후 1년급 학생이 40여 명으로 모두 농가의 자제로서 입학 후 6~7개월 만에 고금 역사도 읽으며 소학독본도 송(誦)하게 되었으나 학습 자료의 불비가 심하다고 하였다.[34] 또 1908년 1월 광주지역의 7개 사립학교의 대표가 모여 역둔토 사음을 학교에 부속시켜 경비에 충당하도록 해달라고 탁지부에 청원하고 있는 것이다.[35] 또한 학교 설립 기금을 모금하는 과정에서도 강제적인 방법이 동원되었던 것으로 보인다. 즉 한산학교의 설립 기금을 모금하는 과정에서 송달현, 안태원은 오포면 둔리屯里에 거주하는 박□호朴□浩의 아버지에게 강제적으로 100원을 기부하라고 하였다. 이에 박□호朴□浩는 아버지의 억울함을 호소하였던 것이다.[36]

이와 같은 광주지역의 학교 설립이 활발히 전개된 것은 1895년 고종의 교육입국조서 발표 이후 각지에서 전개되던 교육구국운동의 일환이었다고 할 수 있다. 특히 1908년 1월 기호흥학회의 설립과 동시에 설치되었다고 보여지는 기호흥학회 광주지회[37]에는 지회장 이윤종을 비롯하여 강원달, 안교행, 안태원, 남대회, 박제선朴齊先(璇) 등 광주지역의 교육활동가들이 대거 참여하였다. 특히 이윤종은 1900년 자신의 집에 소학교를 설립했을 뿐만 아니라 1908년 수서학교의 교감이었다. 또 후술하듯이 1923년 민립대학광주지방부民立大學廣州地方部의 집행위원장이었다. 그리고 1908년 9월 현재 광주지회의 교육부장이던 강원달은 1909년 2월 현재 광흥학교의 교사를 역임하고 있었다.[38] 기호흥학회 광주지회의 임원은 다음과 같다.

34)『황성신문』1899년 6월 24일,「論說」.
35)『황성신문』1908년 1월 15일,「舍音附校」.
36)『황성신문』1907년 5월 21일,「朴氏呼訴」.
37)『畿湖興學會月報』1, 1908년 8월, 46쪽.
38)『畿湖興學會月報』7, 1909년 2월, 39쪽.

　　이윤종李胤鍾(회장), 안엽安爗(부회장), 석경환石瓊煥(총무), 조성준趙成俊·
이동현李東鉉(이상 회계원), 김교열金敎悅·김현승金顯承(이상 서기원), 선영순
宣永淳·김병수金昞洙·박제선朴齊璇·임인재任麟宰·김창진金昌鎭·구자봉具
滋鳳·선영삼宣永參·유홍렬劉興烈·안교행安敎行·이병수李秉秀·이훈종李勳
鍾·이병의李秉懿·안태원安泰遠·남대희南大熙·정환교鄭煥敎(이상 평의원), 강
원달康元達(교육부장), 석기환石機煥(재정부장), 석동환石東煥·허윤許鈗·이봉
하李鳳夏·김준현金俊賢·이순영李淳永·윤시훈尹時勳·김익金翼·용한채龍漢
彩·이용식李龍植·송남현宋南顯(이상 간사원).[39]

　　기호흥학회 임원 중 광주지역의 교육운동에 종사한 인물들의 활동
을 보면 <표 1>과 같다.

〈표 1〉기호흥학회 광주지회 임원 중 교육활동에 종사한 인물들의 활동

이름	기호흥학회 광주지회 직분	활 동
이윤종	회장	소학교 설립(1900), 수서공보 설립 청원, 수서학교 교감
강원달	교육부장	광흥학교 교사
안교행	평의원	학교 설립(1901), 안경돈 설립의 사립소학교 교사
안태원	평의원	한산학교 발기
남대희	평의원	한산학교 발기
박제선	평의원	사립학교 설립(족자동)

　　또 대한자강회는 광명학교의 발전을 도모하기 위하여 윤정효를 시
찰원으로 파견하기도 하였다.[40] 이로 보아 대한제국기 광주지역의 학
교설립은 광주군수 오태영과 기호흥학회, 대한자강회 등의 활동에 힘
입은 바 크다는 사실을 확인할 수 있다.

　　이외에도 광주지역에는 중대면 송파리에 야학과, 염곡리에 초목야

---

39)『畿湖興學會月報』2, 1908년 9월, 61쪽.
40)『大韓自强會月報』7, 1907.1, 62쪽.

학, 역촌 광홍학교 내에 초동야학교, 경안 덕곡리에 목동학교, 경안 전
기리에 목동학교, 염곡 광언학교 내에 야학과, 언주면 평촌에 평촌야
학교, 오포면 양촌리에 초동야학교 등 야학도 활발히 전개되었다.[41]

이와 같이 광주지역에는 대한제국기 이래 꾸준히 학교와 야학이 설
립되어 지역민중의 계몽에 힘을 기울였다. 이러한 활동은 일제에 의해
조선이 강점된 이후에도 지속되었다. 그리하여 일제의 조선 강점 이후
부터 신간회 광주지회가 설립되기 전까지 광주지역에는 광덕학교廣德學
校,[42] 신명강습소新明講習所(낙생면 판교리), 광명강습소廣明講習所(돌마면), 광
명의숙光明義塾(대왕면),[43] 명덕강습소明德講習所(도척면 유정리),[44] 광선의숙
廣鮮義塾(실촌면 봉현리),[45] 유일강습소唯一講習所(돌마면 여수리),[46] 동명강습
소東明講習所(초월면),[47] 광성학교(중대면 송파리)[48] 등 야학, 강습소, 학교가
설립, 운영되고 있었으며, 1923년 10월 2일에는 대왕면 고등리에 강습
소가 개소하였고,[49] 오포면의 양벌리에도 강습소가 건립되었다.[50] 또
1925년 언주면 압구정리의 전상순全尙淳이 야학을 설립하였고,[51] 1926년
광주중앙청년회는 노동야학의 설립을 결의[52]하는 등 광주지역에서는

---

41) 김형목, 『대한제국기 야학운동』, 경인문화사, 2006, <부록 2>에서 발췌.
42) 『황성신문』 1910년 9월 14일, 「廣校有人」. 광덕학교는 南廷肅, 南長
    熙, 南相哲, 安鍾曄, 安鍾烈, 安學洙 등이 남정숙 소유 家舍 7간을 기
    부받아 설립하였다.
43) 『조선일보』 1923년 5월 29일, 「各校塾聯合運動」.
44) 『동아일보』 1922년 5월 26일, 「明德講習所好績」.
45) 『조선일보』 1923년 9월 8일, 「廣鮮義塾의 有望」.
46) 『조선일보』 1923년 10월 9일, 「突馬面에 唯一講習所」.
47) 『조선일보』 1924년 6월 29일, 「東明講習有望」.
48) 『조선일보』 1924년 6월 14일, 「靑年總會의 決意」.
49) 『조선일보』 1923년 10월 4일, 「大旺面에 講習所」.
50) 『조선일보』 1924년 4월 23일, 「五浦人士의 獎學熱」.
51) 『동아일보』 1925년 5월 3일, 「篤志와 慈善」.

교육운동이 점차 강화되고 있었다.

그런데 광주지역의 교육기관 운영은 그리 원활하지는 않았던 것으로 보인다. 예를 들면 실촌면 봉현리의 광선의숙의 경우 유지에 어려움이 많아 강사 문홍규文鴻圭는 "우리 사회에 신생명을 개척하며 신기운을 조장코자 함은 오직 교육"에 있다고 하면서 광선의숙廣鮮義塾이 동절기임에도 불구하고 "난로 1개도 구입치 못하였을 뿐만 아니라 연료도 구입치 못하여 동기冬期 수개월 간은 부득이 방학傍學을 할 모양"[53]이라며 유지들의 지원을 요청하였다.[54] 이에 교토제국대학京都帝國大學에 유학 중이던 문목규文穆圭가 매년 운영비 60원을 지원하겠다는 약속을 하여 일단 학교 운영이 원활해질 수 있었던 것으로 보인다.[55] 또 송파 광성학교의 경우도 경비부족으로 운영이 곤란해지자 1923년 7월 1일 시화회詩畫會를 계기로 동정금 모금을 계획하였고,[56] 중대면의 11개리의 구장들이 각리 당 10원씩의 동정금을 거출하기로 하였으나 계획에 미치지 못하였다는 사실[57]로 미루어 광주지역의 야학, 강습소, 학교의 운영 상태는 매우 열악했던 것으로 보인다.

이러한 광주지역의 교육열은 민립대학설립운동에서도 드러난다. 광주지역에서는 1923년 6월 6일 100여 명이 참석하여 민립대학광주지

---

52) 『조선일보』 1926년 12월 25일, 「廣州靑年臨總」.
53) 『조선일보』 1923년 12월 23일, 「廣鮮義塾을 위하여 同情을 求함」.
54) 광선의숙은 실촌면 봉현리의 문씨문중의 저축금으로 건립된 학교로서 배재고보를 졸업한 문홍규를 강사로 초빙하여 30여 명의 학생을 교육하였다. 그러나 건립 이후 항상 운영비의 부족으로 학교 운영에 어려움을 겪었던 것으로 보인다. 그리하여 강사 문홍규가 유지들의 지원을 요청하였던 것으로 보인다(『조선일보』 1924년 6월 29일, 「廣鮮義塾의 曙光」).
55) 『조선일보』 1924년 6월 29일, 「廣鮮義塾의 曙光」.
56) 『동아일보』 1923년 6월 28일, 「私立廣成校狀況」.
57) 『조선일보』 1923년 12월 20일, 「中垈人士의 不誠意」.

방부民立大學廣州地方部 창립대회가 광성학교에서 거행되어 집행위원장
에 이윤종李胤鍾, 집행위원에 김준현金俊鉉[58] 외 15명, 감사위원 김창진
金昌鎭 외 4명, 회금보관위원會金保管委員 어준魚濬 외 4명을 선출하였다.[59]
이와 같이 광주지역에서 민립대학설립운동을 위한 움직임이 발생하자
광주군수는 1923년 8월 10일 민립대학광주지방부民立大學廣州地方部에
다음과 같이 통첩하여 그 활동을 방해하였다.

> 민립대학기성회民立大學期成會에 관한 건件
> 민립대학기성회사업民立大學期成會事業을 방조傍助하기 위하여 어떤
> 면면에서 구장區長과 면협의원面協議員 등을 초집招集하여 차此에 관關한
> 부담금負擔金 기타에 대하여 협의協議하는 경향傾向이 유유有有하나 여사如斯
> 한 사무事務에 관關하여 직접直接 면면에서 관여關與함은 심甚히 타당妥當
> 치 아니한 지旨로 당국當局에서 특特히 통첩通牒도 유유한 바 특特히 주
> 의注意함이 좋은 지旨로 통첩通牒함.[60]

그런데 집행위원장 이윤종과 집행위원 김준현, 감사위원 김창진은
기호흥학회의 임원이었으며, 기호흥학회가 조직되기 전에도 광주지역
교육운동의 핵심적인 인사들이었다. 이는 곧 광주지역의 민립대학설
립운동이 일제의 조선 강점 이전시기의 교육운동을 계승하고 있음을
보여주는 것이라 할 것이다.

광주지역의 민립대학설립운동은 1923년 일본의 관동대지진과 조선
의 수재로 인하여 그 활동이 잠시 주춤하였다. 그리고 1923년 11월이

---

58) 김창진은 1909년 현재 광성학교의 교사였다(『기호흥학회월보』 11, 1909.6,
   50쪽).
59) 『조선일보』 1923년 5월 12일, 「民大地方部組織總會」.
60) 『조선일보』 1923년 9월 1일, 「民立大學에 關한 通牒 面에서 直接關與
   함은 不妥當」.

되어서야 다시 활동을 시작하였으나 그 결과에 대해서는 알 수 없다.[61] 다만 1923년 12월 10일 민립대학설립기성회 중앙본부의 특파원 서봉준徐鳳俊이 광주와 이천, 여주로 출장[62]하였다는 사실로 보아 이 시기 광주, 이천, 여주 등지의 민립대학설립운동을 부흥시키고자 하는 움직임이 있었던 것은 분명하다. 이와 같이 광주지역의 교육운동이 활발히 전개되자 광주군은 1923년 7월 광주군교육회廣州郡敎育會를 설립하여 '교육개선과 진보'에 나서기로 하였다.[63] 이는 광주군이 민립대학설립운동과 야학, 강습소, 학교의 설립 등 광주지역의 교육운동이 활발히 전개되는 것에 대한 대응 차원에서 이루어진 것으로 판단된다.

2) 청년운동

광주지역은 "기미운동己未運動 이후 경향京鄕 각지에서 각종 단체가 우후죽순雨後竹筍의 세세勢로 한창 일어날 때 본군에서도 청년회靑年會니 구락부俱樂部이니 하여 어지간히 일어났습니다. 각종 단체들은 그만 유야무야간有耶無耶間에 없어지고 자못 몇 해를 잠잠"[64]해졌다거나 "광주는 군郡의 주위周圍를 논論하더라도 타군他郡에 비比하여 불소不少하고 인구人口를 계계計하더라도 불소不少한대 아직껏 청년제군靑年諸君이 단합

---

61) 『조선일보』 1923년 11월 28일, 「民大地方部活動協議」.
62) 『조선일보』 1923년 12월 14일, 「徐鳳俊氏來廣」.
63) 『조선일보』 1923년 7월 19일, 「廣州郡에 敎育會 創立」. 광주군교육회의 주도세력이나 활동에 대해 알려진 것은 거의 없다. 다만 1936년 6월 12일 광주공보에서 熊谷則正 大佐와 平井대위를 초청하녀 시국에 대한 강화회를 개최하고 군사영화를 상영하였다는 광주군교육회와 같은 것으로 보인다(『매일신보』 1936년 6월 15일, 「熊谷大佐招聘 時局講演開催」).
64) 『조선일보』 1927년 4월 10일, 「地方紹介 11 社會團體 狀況 前途樂觀? 廣州 其三」.

團合하여 문화文化를 계발啓發케 할만한 기관機關이 무無"[65])하다고 한 것으로 보아 3·1운동 이후에도 사회운동 혹은 민족운동이 활발히 전개되지는 못하였던 것으로 보인다. 이러한 지역사회의 상황에 대해 광선의숙의 강사 문홍규文鴻圭는 "제군諸君들은 성성醒하시오. … 분투奮鬪할지어다. 노력努力할지어다. 청년회青年會 건설建設에 대하여 현금現今과 같이 과학科學이 발달發達되고 문화文化가 진보進步된 구미열강歐米列強을 봅시다. 만약 그네들이 단합團合하고 일치一致하여 문화文化를 계발啓發치 아니하였다면 어찌 인류사회의 앙모자仰慕者가 되었으리오."[66]) 라며 광주군에서 청년회를 조직할 것을 주장하였다.

이처럼 1922년 무렵 광주지역의 사회운동 혹은 민족운동은 지지부진하였다고 판단된다. 그런데 청년회의 건설을 주장한 문홍규는 "서편西便으로부터 기起한 일편악운一片惡雲이 오륙풍상五六風霜의 장림長霖을 대작大作하여 식돈천지湜沌天地를 이루었더니 인도정의人道正義의 화풍和風이 모든 문제의 부르짖음을 따라 육주문명六洲文明이 공개共開하고 만방의사萬邦意思가 상통相通"[67])한다는 사회진화론적 인식을 가지고 있던 것으로 보인다. 문홍규는 '화풍和風', 즉 일본의 조선지배를 인정하는 바탕에서 청년회의 건설을 주장한 것이고, 그에 따르면 '화풍和風'은 "아주동구亞洲東邱의 금수강산錦繡江山에도 신생활新生活의 쾌락快樂"[68])을 누리게 할 수 있는 것이었다.

이와 같은 문홍규의 주장에도 불구하고 이 시기 광주지역에서 새로이 청년단체가 조직되었는가는 확실히 알 수는 없다. 다만 신간회 광주

---

65) 『조선일보』 1922년 12월 18일, 「青年諸君에게 告하노라」.
66) 『조선일보』 1922년 12월 18일, 「青年諸君에게 告하노라」.
67) 『조선일보』 1922년 12월 18일, 「青年諸君에게 告하노라」.
68) 『조선일보』 1922년 12월 18일, 「青年諸君에게 告하노라」.

지회가 설립될 무렵인 1927년 4월 광주지역에서는 광주중앙청년회廣州
中央靑年會, 송파광주청년회松波廣州靑年會, 광명청년회廣明靑年會, 진흥청년
회進興靑年會, 노동공조회勞動共助會 등의 청년단체와 노동단체가 활동하
고 있었으며, 조선일보와 중외일보의 지국, 그리고 조선농민사지부 등의
언론단체가 설치되어 있었다.[69] 그리고 동아일보지국도 1927년 6월
25일 설치되었다.[70] 이러한 단체들은 앞에서 언급했듯이 민족운동 혹은
사회운동이 부진하였던 상황 속에서 꾸준히 명맥을 유지하면서 활동
을 해왔다는 점에서 나름대로 대중성을 확보한 단체였다고 생각된다.

예를 들면 송파광주청년회는 1924년 6월 6일 광성학교廣城學校에서
총회를 개최하여 회의 명칭을 광주청년회로 개칭할 것을 결의[71]하였
던 것으로 보아 최소한 1924년 이전에 조직되어 활동하고 있었다는
것이 확인된다. 송파광주청년회는 1925년 3월 18일 기근을 당한 17호
에 대하여 1인당 속粟 2승씩 분급하였다.[72] 또 중대면中岱面 문정리文井
里에서 조직되었던 광명청년회도 1925년 제2회 정기총회를 개최[73]한
것으로 보아 1924년에 조직되었음을 알 수 있다. 이외에도 1924년 산
성리山城里에서 석혜환石惠煥 외 87명이 노농식산장려회勞農殖産奬勵會를
조직하였고,[74] 송파중앙청년회는 1925년 10월 19일 창립되었으며,[75]

---

69) 『조선일보』 1927년 4월 10일, 「地方紹介 11 社會團體 狀況 前途樂
    觀? 廣州 其三」.
70) 『동아일보』 1927년 6월 25일, 「社告」. 지국장은 金壽鉉, 기자는 金重
    義, 兪仁穆, 金鉉用이었다.
71) 『조선일보』 1924년 6월 14일, 「靑年總會의 決意」.
72) 『동아일보』1925년 3월 21일, 「廣州靑年救饑 每人에 粟 2升」.
73) 『조선일보』 1925년 4월 11일, 「廣明靑年總會」.
74) 『조선일보』 1924년 6월 14일, 「廣州에 勞農會」. 그런데 廣州共産黨協
    議會 사건을 다룬 일제의 문건에서는 이 조직을 勞農産業奬勵會라 부
    르고 있다(警察情報綴 拱(昭和 11년), 『秘密結社 廣州共産黨協議會 事

광주여자청년회도 조직되어 있었다.[76] 송파중앙청년회의 회장 김동식은 1927년 구천면 암사리에 있던 구천판매장합자회사九川販賣場合資會社의 설립에 따라 마을의 시장이 폐지될 위기에 처해지게 되자 회사에 쇄도하여 반대의사를 명확히 하였다.[77] 그리고 1925년 6월 9일 송파수양회가 창립[78]되었는데 송파수양회는 송파중앙청년회와 밀접한 관계를 갖고 있었다고 판단된다. 즉 송파중앙청년회의 위원장과 부위원장인 윤보영과 곽응천이 송파수양회의 상담역으로 선임되었기 때문이다. 따라서 송파중앙청년회와 송파수양회는 같은 성격의 단체라고 볼 수 있을 것이다.

그렇다면 송파중앙청년회는 어떠한 성격의 단체였을까. 이를 송파중앙청년회가 창립대회에서 채택한 다음과 같은 결의사항에서 추측할 수 있다.

> 결의사항
> 1. 홍수시 공로자 표창에 관한 건
> 1. 송파시장 개량에 관한 건

件 檢擧에 관한 件』)(국사편찬위원회 한국사데이터베이스에서 인용).
75) 『조선일보』 1925년 10월 22일, 「松波中央靑年 創立總會」. 창립시 송파중앙청년회의 임원은 위원장 尹普榮, 부위원장 郭應天, 상무위원 尹道炳, 金根培, 宋基植, 위원 金東植, 金春日, 尹喜玉, 姜根成, 張德權 등이다.
76) 『동아일보』 1926년 10월 1일, 「광주여청정총」.
77) 『중외일보』 1927년 11월 29일, 「廣州 九川販賣會社에 松坡市民 大擧 殺到」.
78) 『조선일보』 1925년 6월 15일, 「松波修養會創立」. 창립시 송파修養會의 임원은 다음과 같다. 張□, 총무 尹昌文 司審 朴守命, 金鳳九, 柳五均, 宋正植, 郭一俊, 張喜男, 趙昌圭, 서기 姜根成, 李泰成 상담역 尹普榮, 郭應天

1. 정호도로井戶道路 수리에 관한 건
1. 부실한 오락에 관한 건
1. 운임에 관한 건
1. 부업장려에 관한 건
1. 의무소방에 관한 건
1. 빈민환자구제에 관한 건[79]

위의 결의사항을 통해 보면 송파중앙청년회는 개량적인 성격의 단체임을 알 수 있다. 특히 부업장려, 의무소방, 정호도로 수리 등과 같은 것은 행정기관과의 밀접한 관련 하에 성과를 낼 수 있는 것이었다.

이외에도 광주지역에는 송파청년회, 경안정구구락부, 남한산청년구락부 등의 단체가 활동하고 있었는데 이 단체들 역시 개량적인 성격을 갖고 있었다고 판단된다. 즉 송파청년회는 조선일보 광주지국의 후원으로 '광주대 고양 정구대회'를 광성학교 코트에서 개최하였고,[80] 경안정구구락부·남한산청년구락부·송파청년회는 역시 조선일보 광주지국의 후원으로 1923년 8월 5~6일 용인·이천·여주·양평·광주군을 초청하여 5군 연합 축구대회를 개최하였다.[81] 또 광주중앙청년회는 1927년 7월 18일 광주공립보통학교에서 음악회를 개최[82]하였다. 그리고 광주지역에는 천도교청년동맹 광주동맹이 조직되어 있었으며,[83] 1928년 8월 14일에는 광주천도교종리원에서 광주소년회를 발기하고 26일 창립대회를 개최하고자 하였다.[84]

---

79) 『조선일보』 1925년 10월 22일, 「松波中央青年 創立總會」.
80) 『조선일보』 1923년 7월 24일, 「廣州對高陽庭球大會」.
81) 『조선일보』 1923년 8월 2일, 「五郡聯合蹴球大會」.
82) 『조선일보』 1927년 7월 23일, 「廣州音樂會盛況」.
83) 성주현, 「1920년대 경기지역의 천도교와 청년동맹 활동」, 『경기사학』 4, 2000, 130쪽.

이상에서 볼 때 송파중앙청년회의 결의사항이나 경안정구구락부·남한산청년구락부·송파청년회 등이 주최한 정구대회나 축구대회 등에서 확인할 수 있듯이 광주지역의 청년회는 앞에서 본 문홍규의 주장과 맥을 같이 하는 개량적인 성격의 단체였음을 알 수 있다. 이러한 연장선에서 각 면 대표의 후원 하에 소비절약조합이 결성[85]되기도 하였다고 판단된다.

이와 같이 광주지역의 사회운동은 주로 개량주의적 운동노선 하에서 활동하였다고 판단된다.[86] 그러나 1926년 12월 18일 광주중앙청년회의 임시총회에서 회장 한순회韓順會, 부회장 박기환朴箕煥, 지육부장 임태문林泰炆, 덕육부장 임정재任政宰, 체육부장 배시형裵始炯, 산업부장 김술호金述鎬가 선출[87]되면서 개량주의적 운동노선을 탈피하고자 했던 것으로 보인다. 한순회韓順會 등이 광주중앙청년회를 어떠한 과정을 거쳐 장악했는가는 확인되지 않지만 이 회의에서는 기존의 여타 청년단체에서는 볼 수 없었던 노동야학 시행의 건이 결의되고 있는 것이다. 그러나 광주중앙청년회가 실제 한순회와 박기환[88]의 주도로 개량주의

---

84)『동아일보』 1928년 8월 20일,「廣州少年會發起」

85)『조선일보』 1923년 3월 3일,「消費節約組合」.

86) 그러나 광주지역에 사회주의세력의 움직임이 전혀 없었던 것은 아니다. 1924년 신흥청년회가 광주에서 강연회를 개최하고자 하였으나 금지되었고[「국제무산청년데이 운동상황에 관한 건」(국사편찬위원회 한국사데이터베이스에서 인용)], 1923년 조직된 노동공조회의 활동도 있으나 자료의 제약으로 그 구체적인 실상을 밝히기는 어렵다.

87)『조선일보』 1927년 9월 5일,「廣州青年臨總」.

88) 박기환은 1933년 경기도 광주읍의원에 당선되었고(『매일신보』 1933년 5월 12일,「조선통치사의 신기원 지방자치제도의 확립」), 1937년 경기도의회에 유인목, 석호균과 함께 출마하였으며(『매일신보』 1937년 5월 5일,「京畿八十六戰士 確定 攻戰·總決算期臨迫」), 1937년 9월 18일

적 운동노선에서 완전히 탈피했다고 보여지지는 않는다. 신간회 광주지회가 조직된 이후인 신간회 기관지 역할을 했던 『조선일보』 광주지국 기자는 광주중앙청년회에 대해 "제군은 무엇을 위하여 광주에 중앙청년회라는 이름을 세웠으며 무엇을 위한 회會라고 하며 또 그 실현 사실은 무엇인가?"라고 묻고 "그 회會로서 해 놓은 사업이 있다면 수개의 의미들을 □개상□介箱과 일본인 모某의 병원행을 원조하기 위하여 금전을 판출辦出한 것밖에는 더 생각날 것이 없다. 아 또 생각난다. 그 외에 악기를 사기 위하여 재산가요 겸도평의원兼道評議員인 모군某君이 기부받으러 갔다가 실패하고 온 것"이라고 하여 광주중앙청년회의 사업이 일반 민중이나 민족운동과는 상관이 없다는 점을 명확히 하면서 비판하였던 것이다. 더 나아가 그는 "민중의 해방운동을 위하여 모인 단체라 하면 일반 민중의 선구자의 책임을 다함이 지당하다 하겠다."[89]고 하여 광주중앙청년회의 각성을 촉구하고 있다.

광주중앙청년회에 대한 이러한 비판은 이 시기가 신간회 광주지회의 설립 직후라는 점에서 청년단체에 대하여 경각심을 환기시키고자 한 의도였다고 판단된다. 더욱이 1926년 12월 한순회와 박기환이 각각 회장과 부회장으로 선출된 이후였으므로 이와 같은 비판은 신간회 운동을 보다 적극적으로 추진하기 위한 것이었다고 할 수 있을 것이다. 그리고 신간회 광주지회의 설립대회가 송파중앙청년회관에서 개최되었던 점으로 보아 송파중앙청년회 역시 이 시기에는 개량주의적인 운동노선에서 탈피하고 있었던 것이 아닌가 추측할 수 있다. 이렇게 보면 광주지역의 청년운동이 개량주의적인 성격을 탈피하기 시작

광주연합청년단의 이사로 선출되었다(『매일신보』 1937년 9월 21일, 「廣州聯合靑年團 18日」 發團式 盛大).

89) 『조선일보』 1927년 12월 25일, 「廣州中央靑年會員諸君에게」.

한 것은 대략 1926년 말부터 1927년 초라 할 수 있을 것이다.

그런데 이 시기는 1926년 11월 15일 정우회가 방향전환론을 제기한 직후였으므로 다른 지역의 청년단체들은 일제히 방향전환을 선언하면서 민족운동을 보다 강화하고자 하였던 시기였다. 그러므로 광주중앙청년회와 송파중앙청년회의 '방향전환'은 정우회의 방향전환론의 영향에 따른 광주지역 청년운동의 반응이 아니었을까도 생각해볼 수 있다. 다만 다른 지역의 방향전환이 주로 사회주의적인 색채를 띤 것이었다면 광주지역의 경우는 이와는 다른 '방향전환'이었다고 할 것이다. 특히 방향전환기 청년단체를 비롯한 대중운동 단체들의 조직형태가 위원제로 이행하고 있는 것이 일반적인데 비하여 회장제 및 지육부, 덕육부, 체육부의 참모부서를 유지하고 있는 광주중앙청년회는 여전히 실력양성론에 입각해 운동을 전개하고자 한 것이 아닌가 추측할 수 있다.

이와 같이 1920년대 중반을 지나면서 광주지역의 청년운동은 서서히 민족운동의 성격을 강화하고 있었다. 그리고 신간회 광주지회의 설립과정에서 보듯이 청년운동세력이 핵심적인 역할을 수행하였다고 할 수 있다. 이에 대해서는 다음 장에서 살피도록 한다.

3. 신간회 광주지회의 조직과 활동

1) 조직

신간회는 1920년대 전반기 민족운동세력이 분열되어 있는 상황에서 좌파 민족주의자와 사회주의자들이 서로 다른 정치적·계급적 관점을 유보하고 어떠한 형태로든지 민족해방을 위하여 협동해야 한다는 민족협동전선론[90]에 입각하여 전국적으로 149개의 지회가 설립되어 있었

던 일제시기 국내에서 조직된 최대의 민족운동단체라 할 수 있다. 신간
회는 보통 1군 1지회의 원칙이 적용되었으나 광주지역에서는 1930년
언주면 염곡리 명신강습소明新講習所에서 광주군의 언주면, 대왕면, 중
대면과 시흥군의 신동면, 과천면, 서이면을 대상구역으로 하는 광홍지
회廣興支會 설립위원회를 조직하였다. 설립준비위원은 조성호曺成鎬, 추경
배秋璟培, 조인환曺仁煥, 조익환曺益煥, 이기봉李基鳳, 조희홍曺喜弘, 조희운
曺喜雲, 이기홍李基弘, 허이문許二文 등이다.[91] 그러나 1930년 12월 23일
중앙상무집행위원회에서 설치를 승인[92]받은 광홍지회는 일제 경찰의
방해[93]로 실제 조직되었는가는 확인되지 않는다.

　신간회 광주지회는 1927년 7월 10일 유지 제씨가 송파중앙청년회
관 내에 임시 사무소를 설치하고 "조선 민중의 총역량을 집중하고
조선민족단일당인 신간회 지회"[94]의 조직을 결의하였다. 이후 1927년
8월 14일 중부면 장경사長慶寺에서 유지 20여 명이 회동하여 8월 24일
산성리의 남한노동공조회관에서 신간회 광주지회의 설립대회를 개최
하기로 결정하고 준비위원으로 한순회韓順會, 석혜환石惠煥, 김동식金東
植, 구백서具百書, 연제홍延濟鴻, 구본옥具本玉, 구자달具滋達, 한철기韓哲
基, 허범許范, 유인목兪仁穆, 이용호李容琥, 박태원朴泰遠을 선출하였다.[95]
이 장경사의 회동은 신간회 광주지회의 조직에 석혜환의 역할이 컸음
을 의미한다고 판단된다. 후술하듯이 그가 장경사에서 승려행활을 하

90) 이균영, 『신간회연구』, 한양대학교 박사학위논문, 1990, 5쪽.
91) 『조선일보』 1930년 12월 24일, 「新幹廣興支會設置」.
92) 『동아일보』 1930년 12월 25일, 「新幹會運動激勵次 巡廻員派遣」.
93) 『조선일보』 1931년 1월 14일, 「廣興新幹支會 創立沮害 경찰당국에서」.
94) 『조선일보』 1927년 7월 10일, 「廣州에서도 新幹支會發起」.
95) 『조선일보』 1927년 8월 22일, 「京畿廣州 新幹準備」 ; 『중외일보』 1927년
　　8월 22일, 「新幹廣州支會設立準備」.

였기 때문이다.[96] 그리고 1927년 8월 24일 설립대회가 남한산성 노동 공조회관에서 개최되어 신간회 광주지회가 조직되어[97] 신간회 중앙본 부로부터 9월 21일 승인받았다.[98] 이 때 선출된 임원은 다음과 같다.

회장 한순회韓順會, 부회장 석혜환石惠煥, 총무간사 유인목兪仁穆 한철 기韓哲基 허범許范 김상환金尙煥 한백호韓百鎬, 상무간사 황추호黃秋浩 변 중회卜重熙 홍순석洪淳錫 이종각李鍾珏 김동식金東植, 간사 구자달具滋達 이기영李淇泳 이용호李容琥 박태원朴泰遠 김세풍金世豊[99]

이상의 설립준비위원과 초대 임원 중 광주지역의 청년단체에서 활 동했던 인물은 1926년 현재 광주중앙청년회장 한순회와 송파중앙청년 회장 김동식 외에는 보이지 않는다. 그런데 신간회 지회의 설립은 각 지역을 중심으로 활동하던 단체의 연합회나 청년단체에 의하여 이루 어졌다[100]는 기존의 연구에서도 알 수 있듯이 신간회 지회의 대부분 이 청년단체를 중심으로 조직되었다. 이러한 연구 결과를 바탕으로 볼

96) 장경사 회동을 놓고 신간회 광주지회의 조직에 불교세력이 참여하였다 고 볼 수는 없을 것 같다. 석혜환 이외의 다른 불교계 인물들이나 사찰 이 신간회 활동에 참여하였다는 증거가 없기 때문이다.
97) 그런데『동아일보』는 신간회 광주지회의 설립 장소를 남한산 소년회관 이라 보도하였다.(『동아일보』1927년 8월 27일) 이로 보아 남한산 노동 공조회와 남한산 소년회와 같은 건물을 회관으로 사용하고 있었음을 알 수 있다.
98) 「京鍾警高秘 제11090호의 1 신간회지회 설치상황의 건」(국사편찬위원 회 한국사데이터베이스에서 인용).
99) 『조선일보』1927년 8월 29일, 「廣州郡에 新幹支會設立」;『중외일보』 1927년 8월 27일, 「新幹會廣州支會創立」.
100) 이균영, 「支會設立에 따른 新幹會의 '組織形態' 검토」, 『韓國學論 集』 11, 1987, 195쪽.

때 신간회 광주지회의 설립에 관여했던 '유지 제씨'는 <표 2>에서
볼 수 있듯이 지역에서 활동하던 단체의 연합회나 청년단체의 대표들
로 볼 수 있을 것이다. 따라서 앞에서 본 설립위원과 초대임원은 대부
분 광주지역의 청년단체나 종교단체의 임원들이거나 중추적인 활동가
였다고 추측할 수 있다.

<표 2> 광주지역 청년단체의 임원

단 체	임 원 진	전거
광명청년회	회장 金斗泳 간부 南光熙 李銀載 李光天 李容穆 李鍾求 李建成 金台泳 외 1명	『조』1925. 4. 1
송파중앙청년회	위원장 尹普□ 부위원장 郭應天 상무위원 尹道炯 金根培 宋基植 위원 金東植 金春日 尹喜玉 姜根成 張德權	『조』1925.10.22
	위원장 金東植 상무위원 金貴用 宋基植 姜根成 보통위원 張喜男 朴守明 이성□	『조』1926. 6. 2
광주중앙청년회	회장 韓順會 부회장 朴箕煥 지육부장 林泰炊 덕육부장 任政宰 체육부장 裵始炯 산업부장 金述鎬	『조』1926.12.25
송파청년회 (광주청년회로 개칭)	회장 金相玉	『조』1924. 6.14

* 비고 : 『조』는 조선일보.

그리고 석혜환은 노농식산장려회와 남한산노동공조회의 집행위원
장이었고, 서울지역의 사회주의자와의 교유를 통하여 사회주의사상을
흡수하여 1935년 1월 4일 광주공산당협의회를 조직하였다.[101] 따라서
석혜환은 광주지역의 대표적인 사회주의 지식인이었다고 할 수 있다.
신간회 광주지회 주도세력의 성격을 파악하기 위하여 신간회 광주

---

101) 永警高秘 第278號, 昭和11年 1月 14日, 「秘密結社廣州共産黨協議會檢
擧에 關한 件」.

지회의 설립위원 및 임원진의 명단을 <표 3>으로 정리하였다.

〈표 3〉 신간회 광주지회의 조직 개편

일자	임원 진	전거
설립준비위원회 (1927.8.14)	韓順會, 石惠煥, 金東植, 具百書, 延濟鴻, 具本玉, 具滋達, 韓哲基, 許范, 兪仁穆, 李容琥, 朴泰遠	『조』1927. 8.22, 『중』1927. 8.22
창립대회 (1927.8.24)	회장 韓順會부회장 石惠煥총무간사 兪仁穆 韓哲基 許范 金尙煥 韓百鎬상무간사 黃秋浩 卞重熙 洪淳錫 李鍾珏 金東植간사 具滋達 李淇泳 李容琥 朴泰遠 金世豊	『조』1927. 8.29
제1회 정기대회 (1927.12.15)	회장 韓順會부회장 石惠煥서무부 총무간사 韓哲基 상무간사 林柄斗 간사 韓百鳳 재무부 총무간사 卞重熙 상무간사 李根鶴 간사 洪淳錫 정치문화부 총무간사 兪仁穆 상무간사 金尙煥 간사 朴泰遠 조사연구부 총무간사 李容琥 상무간사 黃萬浩 간사 韓龍會 조사선전부 총무간사 李淇泳 상무간사 韓百鎬 간사 許范 黃秋鎬	『조』1927.12.22
제3회 정기대회 (1928.12.20)	지회장 石惠煥 부회장 韓順會 간사 卞重熙 李淇泳 兪仁穆 洪淳錫 韓百鎬(浩) 韓哲基 李根鶴 金世豊 柳良燮 延濟鴻 黃秋浩 韓百鳳 李根溶 李淵玉 李容琥 본부대회 출석대표 韓百鎬(浩) 卞重熙 후보 李淇泳	『조』1927.12.27 『동』1927.12.26
제4회 임시대회 (1929.8.7)	집행위원장 兪仁穆 집행위원 李淇泳 韓哲基 柳良燮 李容琥 金世豊 朴泰遠 黃秋浩 黃萬浩 李根鶴 林柄斗 韓辰會 金正恩 韓尙業 金斗泳 卞重熙 洪淳錫 (후보) 金東植 李柱錫 金尙煥 검사위원장 韓順會 검사위원 石惠煥 서무부 부장 李淇泳 부원 朴泰遠, 재정부 부장 韓哲基 부원 洪淳錫 李根錫 조사부 부장 金正恩 부원 金斗泳 선전부 부장 金尙業 부원 黃秋浩 金世豊 조직부 부장 林柄斗 부원 韓龍會 韓辰會 교육부 부장 卞重熙 부원 柳良燮 출판부 부장 李容琥 부원 黃萬浩	『조』1929. 8.13

* 비고: (조)는 조선일보, (동)은 동아일보, (중)은 중외일보.

<표 3>에서 볼 수 있듯이 신간회 광주지회의 임원과 조직 개편에서 나타난 특징은 보통 신간회 지회에서 회장제가 집행위원장제로 변화하는 시점이 1928년 초인 것에 비하여 신간회 광주지회는 1929년 8월 무렵에야 이루어진다는 점이다. 이러한 조직체제의 변경은 신간회 광주지회의 지도자의 변화와 밀접한 관련이 있다고 생각된다. 즉 한순회와 석혜환이라는 대표적인 지도자가 검사위원장과 검사위원의 후선으로 물러나면서 회장 중심의 지도체제에서 집행위원제의 집단지도체제로 변경되었던 것이라 판단된다. 그리고 신간회 광주지회는 1928년 12월 석혜환이 지회장에 선출되면서 사회주의적 성향의 인물들에게 점차 지도권이 넘어가고 있는 것으로 보인다. 특히 1929년 8월 7일 제4회 임시대회에서 유인목이 집행위원장에 선출된 것은 집단지도체제로의 변화와 함께 변중희, 김세풍 등 사회주의적 성향의 인물들이 전면에 등장하고 있음을 의미한다고 생각된다. 그런데 <표 4>에서 볼 수 있듯이 사회주의계열이라 생각되는 인물들은 광주공산당협의회와 광주협동조합, 남한산노동공조회와 관련되었다고 볼 수 있으므로 향후 이들 단체들에 대한 연구가 진전된다면 광주지역 신간회에 대한 이해의 폭이 보다 넓어질 것이라 생각된다.

다른 한편 신간회 광주지회는 천도교 구파의 참여가 두드러졌다는 점도 특징이라 할 수 있다. 설립위원과 초대 임원 중 한순회, 한철기, 황추호, 박태원, 한진회, 김정은은 천도교 신자로 확인된다.[102] 그리고 한진회도 천도교 광주교구 전제원이었다.[103] 특히 한순회는 천도교 광주교구장을 역임한 인물로서 광주지역 천도교의 중심인물이었다. 그는 도호를 제암霽菴이라 하였으며, 1885년 12월 14일 경기도 광주군

---

102) 성주현, 앞의 논문, 150쪽.
103) 『天道敎會月報』 50, 1914, 38쪽.

돌마면 율리에서 출생하였다. 1906년 1월 14일에 천도교에 입교하여 광주군교구 금융원(1911), 공선원(1913), 광주교구장(1914.1), 경기도 광주군 종리사(1922.4), 광주종리원 종리사(1923.5.1), 광주군 위원(1926.3), 경기연맹집행위원(1927), 해월신사백년기념위원(1927), 천도교 청년동맹 경기도연맹 집행위원(1929.5), 관신포 주간포덕사(1931.1), 교주장실 봉교 및 봉도를 거쳐 도훈(1941.4), 선도사(1942.4)를 하였다. 해방 후에는 상주 선도사(1945.10)가 되었고, 한국전쟁 후에는 교화원장(1952.4)을 역임하고 장로에 추대되었다. 1927년 신간회 광주지회가 조직 시 지회장에 선출되었으며, 1933년 이후에는 천도교 교회 봉도로 있으면서 독립운동을 지원할 목적으로 교도들로부터 특별회사금을 모금하다 피체되어 고초를 겪었다. 1961년 1월 28일 서울 마장동 자택에서 환원하였으며 1993년에 대통령표창을 추서하였다.104) 이외에도 그는 1919년 3·1운동 시 광주군 교구장으로서 성미를 모금하여 천도교 본부에 전달하였으며,105) 1931년 천도교 신구파의 합동 선언 이후 소집된 천도교 청년동맹 확대중앙위원회에서 중앙검사위원으로 선출되어 천도교 청년당과의 합동에 기여하였다.106)

다만 신간회 수원지회의 경우 천도교세력이 1930년 이후까지 조직부(조직선전부)를 지속적으로 담당함으로써 천도교의 종교조직이 신간회의 반 혹은 분회 조직의 설치 및 확산 과정에서 중요한 역할을 했음을 확인107)할 수 있었으나 신간회 광주지회에서는 이러한 흐름을 확인하

104) 『천도교인명사전』(미간본).
105) 「증인 한순회 조서」, 『韓民族獨立運動史資料集』 10(국사편찬위원회 한국사데이터베이스).
106) 「京鍾警高秘 第62號 1931年 6月 1日 天道敎靑年總同盟 通文郵送에 관한 건」, 『思想에 關한 情報(副本)』(국사편찬위원회, 한국사데이터베이스에서 인용).

는데 일정한 제한이 있다. 그것은 석혜환, 유인목,[108] 변중희, 김세풍, 연제홍 등의 사회주의자 그룹의 경우에도 마찬가지라 할 수 있다. 이러한 부분은 자료의 제약으로 인해 나타난 문제라 생각된다. 향후 자료 발굴 및 연구의 진전을 기대한다.

---

107) 조성운, 앞의 논문, 349쪽.

108) 유인목은 검단농우회를 창립하는 등 광주지역의 대표적인 사회주의자였으나 신간회 해소 이후 서서히 일제의 지배정책에 협력해 갔던 것으로 판단된다. 즉 1932년 유진상, 유진희, 윤창훈 등과 간이학교설립추진위원회를 구성하고 학교 부지로 자신의 소유 토지 1,500평을 기증하였다. 이들의 노력에 의해 1934년 4월 1일 하산곡간이학교의 설립인가를 받고 4월 18일부터 수업을 시작하여 6월 29일 교사 신축 낙성식과 개교식을 거행하여 현재 산곡초등학교의 모태가 되었고(「산곡초등학교 설립내력」). 1935년 광주군촌진흥회장이 되었고(「昭和十年一月乃至十月社會運動情勢」, 『思想彙報』 5, 1935, 52쪽), 1935년 8월 3일에는 廣州製炭組合의 조합장으로 선출(『매일신보』 1935년 8월 7일, 「廣州製炭組臨時總會」), 1936년 1월 24일 산곡농촌진흥회 주최로 실시된 공동세배 시 산곡농촌진흥회장으로 인사말을 하고(『매일신보』 1936년 1월 31일, 「山谷農振主催로 共同歲拜實行」), 1938년 국민정신총동원연맹 광주연맹의 이사로 선출되었으며(『매일신보』 1938년 7월 16일, 「京畿道內各地에 精神總動員聯盟 結成式盛大히 擧行」), 1939년 5월에는 광주군 광주면의 협의원으로 당선(『매일신보』 1939년 5월 26일, 「各面協議員當選者」)되었고, 1941년 5월에는 정원 1명의 광주군 도의원선거에서 당선(『매일신보』 1941년 5월 13일, 「全鮮各道會議員一覽」)된 것으로 보아 신간회가 해소된 이후 전향하여 일제의 지배정책에 충실히 따른 것으로 보인다. 참고로 국민정신총연맹 광주연맹의 임원은 다음과 같다. 이사장 朴箕煥, 이사 小野坂喜右衛門, 沖經隆, 高橋鑑, 田中宗吉, 安田緒行, 姜性仁, 隈附雅, 尹弘炳, 井浦茂, 金延鎬, 河木幸吉, 洪淳㵜, 李康烈, 鹿野新八, 兪仁穆, 八田朝次郎, 豊田金七 友永宗一(『매일신보』 1938년 7월 28일, 「各面의 精神聯盟網羅 廣州郡聯盟을 結成 五百餘團體總動員」).

다음으로확인 가능한 범위 내에서 광주지역 신간회 간부들의 활동
사항을 다음의 <표 4>로 작성하였다. 거칠기는 하지만 이를 통하여
광주지역 신간회 활동가들의 삶의 궤적을 추적할 수 있는 계기가 되리
라 생각한다.

<표 4> 신간회 광주지회 참여자의 활동사항

이름	활동사항
한순회	3·1운동 참여, 천도교 광주교구장, 천도교 청년동맹 경기도연맹 집행위원
석혜환	광흥학교 졸업, 광주노농식산장려회 집행위원장, 남한산노동공조회 집행위원장, 광주협동조합조합장, 광주공산당협의회 비서
한백봉	3·1운동 참여
변중회	광주공산당협의회, 중앙일보 송파지국장, 광주협동조합 전무이사
이근학	돌마면장(1935~39)
홍순석	돌마면의회의장(1952)
구백서	제헌국회의원선거위원회 경기도위원회 위원
박태원	천도교 순회강사, 수운선생탄생일기도회 광주대표(1928), 천도교교역자강습회 광주대표(1929), 천도교청년동맹경기도연맹광주대표(1929), 천도교구파청년당대회광주대표(1932)
김세풍	동아일보 송파지국장, 광주공산당협의회, 광주협동조합 이사
김정은	천도교, 수운선생탄생일기도회 광주대표(1928), 제75회지일기념식 광주대표(1938)
김동식	광성학교 졸업, 조선일보 지국장, 중대면장(1950)
김두영	광명청년회장(1925)
황추호	천도교 종리사
한철기	천도교 금융원, 경기과 종리사, 위원
한진회	천도교 종리사, 전제원
유인목	동아일보 광주지국 기자, 黔丹農友會 창립, 농촌진흥회장으로 전향, 경기도회의원, 전선수재구제회발기회 발기인,
연제홍	남한산노동공조회 상무이사, 재만동포옹호 광주동맹 상무위원

광주지역의 신간회 조직은 한순회를 중심으로 한 천도교 구파 세력
과 석혜환은 중심으로 한 사회주의 세력에 의하여 전개되었다. 특히
앞에서 본 바와 같이 1926년 12월 한순회가 광주중앙청년회 회장으로

선출된 것은 광주지역 신간회 조직의 결정적 계기가 된 것으로 판단된
다. 따라서 한순회는 천도교를 중심으로 활동하였으나 그 위상은 천도
교 차원을 떠나 광주지역 사회운동의 중심인물로 부상하였던 것으로
이해할 수 있다. 그리고 광주지역 민족운동의 또 다른 중심인물인 석
혜환은 1890년 10월 22일에 경기도 광주군 중부면 산성리의 지주가에
서 출생하였다.109) 이명은 석영균石永均이며, 유소년기에 고향에서 6년
간 한문을 수학하였고, 16세 때인 1905년부터 19세인 1908년110)까지
사립 광흥학교에서 수학, 졸업하였다. 졸업 후 석혜환은 1909년 봄 군
산에서 순사시험에 합격하였으며 전주순사교습소에서 교육을 받는 중
어머니가 위독하다는 소식을 듣고 사직한 후 귀향하였다. 귀향 후 1년
간 전당포를 개업하였으나 실패하고 1915년 다시 경기도 순사시험에
합격하였으나 2개월 만에 퇴직하고 각지를 전전하였다. 1918년 경성 간
동 소재 석왕사 불교연구소에 들어갔고 1919년부터 1922년까지 3년
간 김천의 직지사, 경성의 조선불교포교소, 광주의 장경사 등지에서
승려생활을 하였다.111)

환속 이후 석혜환은 1923년 산성리山城里에서 노농식산장려회勞農殖産
獎勵會를 조직하여 양어업, 조림업, 기타 제반공사 청부업 등에 종사하였
다.112) 광주노농식산장려회가 조직된 것은 1923년의 일이다. 석혜환은
1923년 1월 산성리의 강현진姜炫辰의 집에서 이길재李吉載, 박준호朴準鎬,
최기철崔基喆, 강현진 등과 함께 광주노농식산장려회를 조직하여 집행위

---

109)『皇城新聞』1909년 8월 10일,「廣興廣興」.
110) 1909년의 오류로 보인다.『皇城新聞』(1909년 8월 10일,「廣興廣興」)
　　의 기사에 따르면 그는 1909년 8월에 광흥학교를 졸업하였다.
111)「永警高秘 第1124號, 1931年 3月 9日 秘密結社廣州共産黨協議會
　　檢擧送局ニ關スル件」(국사편찬위원회 한국사데이터베이스).
112)『조선일보』1924년 6월 14일,「廣州에 勞農會」.

원장 석혜환, 총무위원 이길재, 상무위원 박준호, 구정서具廷書, 강현진을 정하였다. 표면적으로는 회원의 공존공영을 내세웠으나 실제로는 무산 대중의 단결심을 양성함으로써 자본가에 대항하고자 하였다. 석혜환은 1923년 임시총회에서 '인류 계급을 타파하고 평등한 사회생활을 만들자' 고 역설하면서 회원들의 의식화를 촉구하였다.[113] 그리고 그는 1924년 봄 광주노농식산장려회를 남한산노동공조회로 변경하였다. 그가 조직을 변경한 것은 광주노농식산장려회의 조직 시 유무산계급을 구분하지 않 고 회원을 가입시켰다는 반성에 기인하였다. 따라서 남한산노동공조회 에는 대부분 무산자만을 회원으로 가입시켰다. 이는 무산계급의식을 고양시켜 자산가에 대한 투쟁심과 회원의 단결심을 양성하고자 한 목 적 때문이었다. 이를 위해 그는 회관을 건설하고 야학을 운영하였다. 이후 그는 최기철에게 남한산노동공조회의 회장직을 물려주고 고문이 되었다.[114] 또 1935년 1월 광주공산당협의회를 결성하고 비서부 책임 자로 활동하다 체포되어 1936년 4월 경성지법에서 3년형을 선고받고 대전형무소에서 복역하였다. 해방 후에는 남조선노동당에 가입하여 활동하였고 한국전쟁 시에는 경기도 광주군인민위원회 위원장을 지냈 으나 재임 중 보도연맹 가입 경력이 문제가 되어 지위 해제되었다.[115]

이와 같이 한순회와 석혜환은 신간회 광주지회의 설립에 주도적인 역할을 하였다. 이로 보면 신간회 광주지회는 천도교 구파를 중심으로 석혜환 등 사회주의세력이 결합하여 조직된 것으로 보인다.

---

113) 「京高特秘 第731號 1936年 4月 9日 秘密結社廣州共産黨協議會事 件檢擧ニ關スル件」(국사편찬위원회 한국사데이터베이스에서 인용).

114) 「京高特秘 第731號 1936年 4月 9日 秘密結社廣州共産黨協議會事 件檢擧ニ關スル件」(국사편찬위원회 한국사데이터베이스에서 인용). 야학부 교사는 鄭永培와 李良載가 담당하였다.

115) 『한국향토문화전자대전』(한국학중앙연구원에서 인용).

2) 활동

　신간회 광주지회의 활동은 대략 회무에 관한 활동, 지역사회의 현안 문제 해결을 위한 활동, 생활개선활동 등으로 나누어 설명할 수 있다.

　먼저 회무에 관한 활동은 신간회 광주지회의 유지, 발전을 위해서는 반드시 해야 할 활동으로서 신간회 활동에 대한 대중적 지지를 이끌어내고 대중에 대한 지도권을 확보하기 위한 활동이라 할 수 있다. 이를 위해 신간회 광주지회는 설립 직후인 1927년 12월 1일 정기 간사회에서 '회비급기본금공동저금의 건'을 상정하여 논의하였다. 그 결과 기본금은 매월 회원 각자가 10전 이상 공동저금하여 운영기금으로 적립하기로 하였다.[116]

　그리고 <표 6>에서 확인할 수 있듯이 지회를 설립한 이래 광주지역의 신간회는 각종 회의에서 회원을 모집하기 위한 노력을 상당히 기울였음을 확인할 수 있는 것이다. 그러함에도 불구하고 실제 신간회 광주지회의 회원수를 알 수 있는 자료는 발견되지 않고 있다. 다만 1929년 1월 낙생면 금곡리의 신간회원들의 노력으로 조합원 1인당 1원씩 출자하여 소비조합을 조직[117]하였다는 것으로 보아 금곡리의 경우는 소비조합을 조직할 정도로 신간회원이 상당수가 있었던 것을 알 수 있다. 또한 1930년 신간회 광흥지회의 조직을 방해하기 위하여 경찰들이 염곡리의 신간회원을 협박하여 40여 명이 탈퇴[118]하였다는 기사로 보아 염곡리의 신간회원의 수는 최소한 40여 명 이상이었음을 알 수 있다. 그런데 광주지역의 신간회원의 수는 500명을 넘지 않았던

---

116)『조선일보』1927년 12월 14일,「廣州支會幹事會」.
117)『조선일보』1929년 1월 31일,「廣州金谷에 消費組合 組織」.
118)『조선일보』1931년 1월 14일,「廣興新幹支會 創立 沮害」.

것으로 보인다. 그것은 1929년 복대표회의가 개최될 당시 500인 이상
의 회원을 가진 지회는 1소구로 간주[119]하였는데 광주지회는 수원, 인
천, 안성, 강화지회와 함께 소구역에 속하였기 때문이다. 그리고 1930
년 9월 23~25일 개최 예정이던 신간회 전체대표대회에 참석하기 위
해 각 지회에서 신간회 본부에 보고한 회원의 수를 보면 신간회 광주
지회의 회원은 65명이었다.[120] 참고로 1929년 11월 현재 신간회 전체
회원은 37,309명이며, 지회의 회원수는 <표 5>와 같다.[121]

〈표 5〉신간회 지회의 회원수(1929년 1월 현재)

회원수	지회수
100명 이상	53
200명 이상	35
300명 이상	16
400명 이상	10
500명 이상	15
600명 이상	5
800명 이상	2
1500명 이상	1
계	137

그리고 신간회 광주지회는 신간회 본부와의 연락, 교섭도 활발히
전개하였다. 1929년 6월 28~29일 서울에서 개최되었던 복대표대회에
참석할 대의원을 선출하기 위한 소구역회가 1929년 5월 17일 수원에
서 개최되었다. 한백호와 황만호가 참석한 이 회의에는 광주지회를 비

---

119) 警鍾警高秘第6015號 昭和4年 5月 8日 「新幹會本部ノ通文郵送ニ
   關スル件」.
120) 警鍾警高秘第14794號 昭和5年 10月 11日 「新幹會代表會員選擧狀
   況ニ關スル件」.
121) 『동아일보』 1929년 11월 25일, 「支會問題 等 滿場一致 承認」.

롯하여 수원, 안성, 인천, 강화지회의 5개 지회가 참석하여 수원의 공석정을 복대표로, 인천의 곽상훈을 복대표 후보로 선출하였다.[122] 또 1929년 8월 24일 제2회 집행위원회에서 집행위원장 유인목의 사임건이 논의[123]되었으나 유인목이 이후에도 집행위원장으로서의 역할을 수행하고 있는 것으로 보아 집행위원장의 사임은 받아들여지지 않았던 것으로 판단된다. 그리고 신간회 해소대회 시 중앙집행위원으로 유인목이 선출되었다. 다만 신간회 광주지회가 신간회 해소에 찬성하였는지의 여부는 확인되지 않는다. 또한 1929년 신간회 광주지회에 대한 신간회 본부의 제재에 대해 광주지역 신간회는 강력히 반발하였다.[124] 이외에도 신간회 광주지회의 건축을 위한 활동과 기관지『신간新幹』의 발간, 회원교육, 규약개정 등 회무와 관련된 활동을 하였다.

다음으로 신간회 광주지회는 지역사회 및 조선의 현안 문제 해결을 위한 활동으로서 재만동포옹호동맹의 조직, 행정관청의 불법 행동 및 잡종금의 재징에 대한 항의, 군리원·주재소원·전매직원의 불법행동 및 폭행에 대한 항의, 고가의 닭 강제 배부에 대한 항의 등 지방권력의 민중에 대한 폭력에 대해 항의 활동을 전개하였다.

특히 광주지역의 재만동포옹호동맹 활동은 신간회 광주지회가 주도하였던 것으로 판단된다. 재만동포옹호운동은 1925년 조선총독부 경무국장과 봉천성 경무처장 사이에서 체결된 미쓰야협정三矢協定 이후 만주지역에 거주하는 조선인에 대한 중국 당국의 탄압과 구축驅逐이 1927년 극도에 이르자 1927년 12월 6일 전북 이리에서부터 시작되었

---

122) 『조선일보』 1929년 5월 22일, 「新幹會 小區域會 近畿五支會」.
123) 『조선일보』 1929년 8월 29일, 「廣州新幹委員」.
124) 『중외일보』 1929년 10월 26일, 「警官의 失態로 民間弊害多大 對策 討議中中止」.

다.125) 광주지역에서는 1927년 12월 16일 광주지역의 사회단체와 시민 유지들이 신간회 광주지회에서 회의를 열고 적극적인 대책의 수립을 강구하였던 것이다.126) 그리하여 신간회 광주지회는 1927년 12월 15일 정기대회에서 재만동포피축사건在滿同胞被逐事件에 관한 건을 안건으로 채택하여 토론하였고,127) 정기대회 직후 강연회를 개최하여 지회장인 한순회가 '재만동포옹호동맹에 관하여'라는 제목으로 강연하였다.128)

그리고 1927년 12월 29일 신간회 광주지회 회관에서 임시의장 박기환, 서기 변중희를 선출한 후 재만동포옹호동맹을 조직하여 남한산 노동공조회에 사무실을 두었다. 박기환朴箕煥, 김홍제金鴻濟, 변중희卞重熙가 전형위원에 선출되었고 연제홍延濟鴻은 상무위원에 피선되었다. 또 한순회와 박기환을 교섭위원으로 선출하여 광주의 중국교민과 교섭하여 동맹의 취지를 설명하고 그들로 하여금 중국정부 또는 총영사에게 재만조선인의 보호를 요청하는 진정서를 제출해 줄 것을 요청하였다. 창립대회에서 동정금을 출연한 인사와 결의사항을 다음과 같다.

> 동정금 출연자 박기환朴箕煥 김수현金壽鉉 각 4원, 한순회韓順會 석혜환石惠煥 각 2원, 한철기韓哲基 1원
> 무명씨無名氏 연홍제延鴻濟 각 50전, 홍종수洪鍾秀 10전

---

125) 재만동포옹호동맹에 대해서는 다음의 연구가 참조된다.
박영석, 「일제하의 재만한인 박해문제-「재만동포옹호동맹」의 활동을 중심으로」, 『아세아연구』 48, 고려대학교 아세아문제연구소, 1972 ; 박영석, 「일제하의 재만한인에 대한 중국관헌의 박해실태와 국내 반응」, 『한국사연구』 14, 한국사연구회, 1976.
126) 『조선일보』 1927년 12월 22일, 「在滿同胞擁護와 各地團體」.
127) 『조선일보』 1927년 12월 22일, 「廣州支會 定期大會」.
128) 『조선일보』 1927년 12월 22일, 「大講演會」.

결의사항
1. 경성에 재한 재만동포옹호동맹에 가입할 일
1. 경성총동맹을 적극적으로 지지하는 동시에 좌기 요령을 실행할 일
   (가) 우리는 인류적 평화를 의미한 아래에서 오인의 혈족인 재만동포
        피축사건의 대책을 강구할 일
   (나) 우리는 재만동포의 피축사건은 중국 대중의 본의가 아니고 일부
        오해로 인증할 일
   (다) 우리는 재만동포를 옹호하는 동시에 재선在鮮 중국 민중에게 위
        해를 가치 말고 상호간 우의를 돈독히 할 일
1. 사무를 집행하기 위하여 위원 약간인을 선임할 일
1. 의결할 필요가 있을 때에는 집행위원으로부터 각 동맹원에게 소집통
   지를 발출할 일
1. 사무 집행상의 비용은 동맹원 각자의 부담으로 할 일
1. 본 동맹은 □□본지□□本旨 하에서 동정금 약간을 경성총동맹에 송
   치할 일[129]

또한 광주지역 신간회에서는 지방행정기관원의 군민에 대한 불법
행위 및 폭행사건 등에 대해 적극적으로 항의하였다. 즉 1927년 동부
면 신장리의 경찰이 불법적으로 피해자에게 고소를 철회할 것을 강요
한 사건, 도난사건을 보도한 신문기자를 협박한 사건, 주재소의 허락
을 받고 개최 예정이던 척사대회를 경찰 개인이 자신의 허가를 받지
않았다고 취소하라고 요구한 사건 등[130]과 1929년 경찰의 실태로 민
간의 폐해가 다대하다는 안건이 상무집행위원회에 상정되었으나 임석
경찰의 금지에 의해 논의되지 못했다는 사실[131] 등은 군민에 대한 광

---

129) 『중외일보』 1928년 1월 6일, 「抗議文 發送 同情金도 募集 廣州擁
     護同盟創立經過」.
130) 『조선일보』 1927년 3월 3일, 「廣州警察에 一言」.
131) 『중외일보』 1929년 10월 26일, 「警官의 失態로 民間弊害多大 對策
     討議中中止」.

주지역의 경찰의 폐단이 대단히 컸음을 보여준다고 할 것이다. 이러한 지방권력의 폐단을 시정하기 위한 활동은 광주지역 신간회의 주요한 활동이었다고 볼 수 있다. 그리고 1929년 원산총파업 시 이를 지지하는 격문을 발송하였다는 이유로 신간회 광주지회장 석혜환이 1929년 2월 20일 구류 10일에 처해졌으며,132) 총무간사 변중희도 2월 22일 같은 이유로 구류 10일에 처해졌고,133) 남한산노동공조회 상무이사인 연제홍도 3월 5일 구류 5일에 처해졌다.134)

　마지막으로 광주지역 신간회의 생활개선활동을 보면 문맹퇴치, 소비조합의 설치, 미신타파 등 생활개선운동에도 주목하였다. 그리하여 앞에서도 언급했듯이 1929년 1월 낙생면 금곡리의 신간회원들의 노력으로 조합원 1인당 1원씩 출자하여 소비조합을 조직하였던 것이다.

　참고로 신간회 광주지회의 활동을 도표로 정리하면 다음의 <표 6>과 같다.

<표 6> 신간회 광주지회의 활동

날 짜	회의종류	토의내용	전거
1927.12. 1	정기간사회	군리원의 인민에 대한 폭행 및 부정사의 건	『중』1927.12.11
1927.12.15	제2회 정기대회	토의안 - 저금에 관한 건, 정도교에 관한 건, 재만동포피축사건에 관한 건, 행정관청의 불법행동 및 잡종금재징에 관한 건(금지), 교육에 관한 건, 회원모집에 관한 건, 예산안 통과, 본부건축안은 간사회에 일임	『조』1927.12.22 『동』1927.12.20

---

132) 『조선일보』 1929년 2월 22일, 「廣州新幹支會長 檄文으로 拘留」.
133) 『조선일보』 1929년 2월 27일, 「檄文關係로 廣州新幹幹部 또 한명이 구류」.
134) 『조선일보』 1929년 3월 12일, 「元山檄文일로 勞動幹部拘留」.

날 짜	회의종류	토의내용	전거
1928.12.20	제3회 정기대회	본부건의안-규약개정에 관한 건, 기관지 발행에 관한 건, 지회승인 지지에 관한 건, 교육에 관한 건 문맹퇴치의 건, 소비조합의 건, 미신타파의 건, 회원모집의 건, 회비의 건	『조』1928.12.27
1929. 1.30	제2회 총무간사회	회원 모집의 건, 회원 방문의 건, 회비징수의 건	『동』1929. 2. 5
1929. 8.24	제2회 집행위원회	회원 승인의 건, 경기도지회연합대회 파송대표선출의 건, 집행위원장 사임건	『조』1929. 8.29 『동』1928.12.26
1929.10.20	상무집행위원회	본부회관건축위원 선정의 건, 회지 발행 원조의 건, 회원입회 승인의 건, 회원 퇴회 및 □리의 건, 光州支會사건의 건, 모면주재소원의 상습적 실태에 관한 건	『중』1929.10.26 『동』1927.10.26
1929.11.20	상무집행위원회	정기대회 소집의 건, 회비 징수의 건, 정기대회 전에 위원장 유인목 회계 한철기 양씨로 회원 방문, 회원 모집의 건, 신간지 광고 모집의 건, 광주수리조합 답사의 건	『조』1929.11.28
	제4회 정기대회 (금지)	고가의 닭 강제 배부에 관한 건, 전매직원이 무고한 경작자에 대한 폭행, 광주경찰서원이 공연 방총 상인, 청진감옥 단식사건	『조』1930. 1.31

*비고:『조』는 조선일보,『동』은 동아일보,『중』은 중외일보.

　한편 집행위원장 유인목은 1930년 4월 30일 동부면 하산곡리에서 이민里民 70명 전원의 찬성을 받아 검단농우회를 조직하고, 조선농민총동맹에 가입하였다. 그러나 1934년 3월 일제의 분석에 따르면 일제의 탄압과 전향 강요에 따라 간부 중 사상전향자가 속출하여 회의 성격이 농촌진흥회와 크게 다르지 않게 되었다. 이에 회의 존립 필요가 없다며 해소를 주장하는 회원도 발생하였다.[135] 검단농우회는 신간회 광주지회 집행위원장인 유인목이 농민단체의 설립을 통감하고 조직[136]한 신간회의 외곽단체로서의 성격을 지닌다고도 할 수 있으며, 창립 목적은 다음과 같다.

    1. 우리는 경제적 조건을 필요로 한 농민의 각성을 촉진함
    1. 우리는 우리 자신의 단결을 견고히 하여 농민의 합리적 진보를 기함
    1. 우리는 농민계급에게 당면한 실제적 이익을 위해 노력함[137]

  그리고 이러한 목적을 달성하기 위하여 회원의 특별 의연금과 회비를 징수하여 회를 운영하였다.[138]

  일제는 검단농우회를 남한산노동공조회, 신간회 광주지회와 함께 광주지역의 사회주의 단체로 파악하였다.[139] 창립 당시 검단농우회의 임원은 다음과 같다.

    집행위원장 유인목
    집행위원 유상준兪常濬 조종복趙鍾復 이시영李時榮 유진상兪鎭祥 이규□李奎□ 박승황朴承晃 최해성崔海成 외 3명[140]

---

135) 「附表, 重한 團體表」, 『昭和 9年 3月 治安情況』(출처 : 국사편찬위원회 한국사데이터베이스 http://db. history.go.kr). 그런데 1935년 일제의 문서에는 유인목을 농촌진흥회장으로 소개하는 것으로 보아 유인목은 이 시기 이전에 이미 '전향'한 것으로 보인다(「昭和十年一月乃至十月社會運動情勢」, 『思想彙報』, 朝鮮總督府 高等法院 檢事局 思想部, 1935).

136) 「附表, 重한 團體表」, 『昭和 9年 3月 治安情況』(출처 : 국사편찬위원회 한국사데이터베이스 http://db.history.go.kr).

137) 「自大正十一年至昭和十年內地及朝鮮ニ於ケル社會運動ノ概況對照(3)」, 『思想彙報』 9, 1936, 34~35쪽.

138) 「附表, 重한 團體表」, 『昭和 9年 3月 治安情況』(출처 : 국사편찬위원회 한국사데이터베이스 http://db.history.go.kr).

139) 「昭和十年一月乃至十月社會運動情勢」, 『思想彙報』 5, 1935, 52쪽.

4. 맺음말

이상에서 광주지역 신간회의 조직 배경과 조직 과정, 그리고 활동에 대해 살펴보았다. 이를 다음의 몇 가지로 정리할 수 있다.

첫째, 광주지역은 여타 지역과는 달리 3·1운동 이후에도 청년운동등 사회운동이 부진했던 지역이었다. 그리하여 광선의숙의 강사였던 문흥규는 광주지역에도 청년단체를 조직하여야 한다고 하였던 것이다. 그런데 사회운동이 부진하였던 것과는 달리 광주지역에서는 대한제국기 이래 야학, 강습소, 학교의 설립을 통한 교육활동은 비교적 활발했던 것으로 보이며 민립대학설립운동도 전개되었다. 이를 통해 1920년대 중반 이후 신간회 지회가 설립될 수 있었던 인적 기반의 한 축이 만들어진 것으로 판단된다. 그리고 광주지역은 천도교 구파의 세력이 강했던 지역이었다. 돌마면 율리의 한순회를 비롯한 광주지역의 천도교세력은 상대적으로 부진하였던 사회운동을 지탱하였던 것으로 판단된다.

둘째, 광주지역 신간회는 한순회 등의 천도교 세력과 석혜환 등의 사회주의세력의 결합에 의하여 이루어진 것으로 보인다. 그것은 신간회 광주지회의 설립준비위원과 이후 신간회 간부진에서 이들이 차지하고 있었던 위치에서 알 수 있다. 먼저 천도교신자로는 한순회, 한철기, 한백호, 황추호, 박태원, 김정은, 한진회 등을 들 수 있으며, 사회주의자로 볼 수 있는 인물로는 석혜환, 유인목, 연제홍, 김세풍, 변중희 등을 들 수 있다. 특히 광주지역의 사회주의 활동은 1923년 석혜환이 조직한 광

---

140) 『조선일보』 1930년 5월 22일, 「黔丹農友會創立」. 1934년 당시의 임원은 유인목, 조종복, 崔俊龍, 趙秉漢, 兪□祥, 兪常濬 등이다(140). 「附表, 重한 團體表」, 『昭和 9年 3月 治安情況』(출처 : 국사편찬위원회 한국사데이터베이스 http://db.history.go.kr).

주노농식산장려회와 이를 개편하여 1924년 조직된 남한산노동공조회에서 시작되어 광주협동조합, 광주공산주의자협의회 등으로 발전하였다. 이러한 사회주의 조직은 모두 석혜환이 그 중심인물이었다.

셋째, 광주지역 신간회는 회무에 관한 활동, 지역사회 및 조선의 현안 문제 해결을 위한 활동, 생활개선활동 등을 하였다. 지역사회 및 조선의 현안 문제 해결을 위한 활동에는 재만동포옹호활동, 지방권력의 지방민에 대한 폐단 시정 활동, 원산총파업 지지활동 등이 있다. 특히 재만동포옹호활동은 재만동포옹호 광주동맹의 결성을 통해 조직적이고 지속적인 활동을 하고자 하였음을 알 수 있다. 그리고 회무에 관한 활동을 통해 광주지역 신간회의 세력을 확장하고자 하였고 신간회 본부에 대한 의견개진도 활발히 전개한 것으로 보인다. 특히 신간회 광주光州지회에 대한 신간회 본부의 제재에 대하여 강력히 비판한 것은 광주지역 신간회가 독자적인 입장을 갖고 있었음을 보여준다고 할 수 있다. 다만 신간회 해소문제에 대해 광주지역 신간회가 어떠한 입장을 갖고 있었는가에 대해서는 확인할 수 없어 아쉬웠다.

넷째, 광주지역 신간회는 1930년 말 언주면, 대왕면, 중대면과 시흥군의 신동면, 과천면, 서이면을 대상구역으로 하는 광흥지회廣興支會를 조직하고자 하였다. 보통 1군 1지회를 원칙으로 하는 신간회운동에서는 독특한 활동이다. 광주지역 신간회가 이와 같은 움직임을 보인 이유에 대해 보다 깊이 있는 고찰이 필요할 것이다.

이렇게 볼 때 신간회 광주지회는 민족주의자와 사회주의자의 결합으로 조직되었고 1920년대 중후반부터 1930년대 초반까지 광주지역의 민족운동을 지도하였음을 알 수 있다. 다만 여타 지역에서는 신간회 해소와 동시에 혁명적 농노조운동이 전개되는데 반하여 광주지역에서는 광주공산당협의회가 조직되어 활동하였다. 이러한 지역적 특성이 발생한 이유 역시 보다 깊은 논의가 필요할 것으로 보인다.

「일제하 광주지역 신간회의 활동」 토론문

장 석 홍

(국민대학교 교수)

　이 논문은 신간회 광주지회의 실체를 밝혀낸 귀중한 가치를 지니는 연구이다. 신간회운동을 연구사적으로 검토할 때, 지회 차원의 활동 및 성격을 규명하는 과제가 남겨진 실정이다. 발표자는 신간회 지회를 다룬 몇 안되는 연구자로서, 특히 광주지역과 관련 있는 신간회 수원 지회를 연구한 경험에 의해, 광주지회의 실체를 복원하는데 크게 기여하고 있다. 광주지회와 관련한 자료를 폭넓게 발굴, 활용하고 있는 점도 본 발표의 장점으로 꼽을 수 있을 것이다.

　그렇지만 자료의 충실성에도 불구하고, 지역 연구에 대한 자료의 제약은 여전히 연구의 진전을 가로막는 걸림돌이 되는 것이 사실이다. 본 발표의 내용 가운데 부득불 추측, 추정으로 그쳐야 하는 부분 역시 자료 제약에서 오는 것이 아닐 수 없다. 그런 점에서 신간회 광주지회를 온전하게 복원해내기 위해서는 향후 더욱 자료 발굴에 대한 노력이 따라야 할 것으로 생각한다.

　본 발표 내용과 관련해 발표자의 논지에 대체로 공감하면서도, 토론자는 두 가지 정도의 의견을 덧붙이고 싶다.

첫째는 신간회 광주지회의 설립 배경 및 조직 기반으로서, 광주지역의 교육운동 및 청년운동 등을 제시하고 있는데, 이들 교육·청년운동이 광주지회와 어떻게 연결되어 갔던가를 보다 구체적으로 규명할 필요가 있다고 생각한다. 그런데 여기서 주의해야 할 것은, 신간회의 전국적 지회운동에서 청년운동이 크게 역할했다는 총론적 틀에 의해 광주지회를 분석, 평가해서는 안된다는 점이다. 그것은 각론적 연구를 바탕으로 총론적 논의가 이루어질 수 있기 때문이다. 현재 신간회 지회운동의 연구는 총론적 함의에 앞서 각론적 연구가 보다 다양하게 수행되어야 하지 않을까 한다.

둘째는 발표자도 지적하고 있듯이, 광주지역에서 1920년대 전반기까지 민족운동과 사회운동이 활발하지 않았음에도 불구하고 광주지회가 설립될 수 있었던 배경과 원인을 어디에서 찾아야 할 것인가, 그리고 광주지회의 활동이 활발하지 못한 이유를 어디에서 찾아야 할 것인가 이다. 광주지회는 전국적으로 볼 때 신간회 지회 가운데 비교적 늦은 시기에 세워지고, 규모도 작고 대중적 기반 역시 미약했다고 볼 수 있다. 그와 관련해 토론자는 광주지회 설립의 주요 세력이었던 천도교와 사회주의 세력을 주목해 보고 싶다. 잘 알려져 있듯이, 신간회 중앙본부 설립에는 천도교 구파와 사회주의 세력이 주도하고 있었다. 광주지회의 주요 인사들은 중앙의 천도교 구파 및 사회주의 인사들과 일정하게 연결되면서 광주지회 설립에 나섰던 것으로 여겨진다. 그렇지만 광주지역에서 이들의 사회적 영향력과 기반은 중앙과 달리 지역사회를 선도할 수 있는 수준에는 미치지 못했던 것이 아닌가 한다. 그런 점에서 광주지회 설립과 관련해 광주지역 천도교 및 사회주의 세력의 실상을 규명하는 것이 필요하지 않을까 생각한다.

종합토론

사회자 : 손승철

토론자 : 최영국, 한상도, 박민영, 황민호, 김인식, 김형목,
장석홍, 조성운, 이강범, 김종규, 유병상, 홍충기

손승철 : 안녕하십니까? 강원대학교 사학과에 있는 손승철입니다. 제가 학교는 지금 춘천에 있지만 사실 저도 광주사람입니다. 광주군 오포면인데 그래서 광주 뭐 다 아시겠습니다만 하남이 지금 광주에서 이렇게 독립이 되어서 따로 시가 되어 있습니다만 원래는 광주의 중심이 여기였지 않습니까?

그래서 이제 저도 광주라고 하는 인연으로 일찍부터 하남의 역사문화 사업에 많이 참여를 했습니다. 그래서 하남시사를 편찬을 할 때도 시사편찬위원으로 역할을 했고, 현재도 하남 역사박물관 문화재 위원으로 제가 참여를 하고 있습니다.

하남시사를 처음 편찬할 때도 하남시에서 사실은 이름을 지을 때, 차라리 광주로 했었으면 훨씬 좋았겠다. 그런 생각을 많이 했었습니다.

아까 개회할 때 축사로 시장님도 말씀하셨지만 이 하남이라는 지역, 광주라고 하는 지역은 사실 기조 강연을 한 한상도 교수님도 말씀하셨지만 경기라고 하는 그런 지명에서, 지명이 갖고 있는 의미처럼 사실은 서울에 근접된 주변 도시로서는 아마도 역사 문화에 있어서는 하남만큼 주변도시 중에서 역사 문화의 고유성을 그대로 갖고 있는 그런 지역은 드물 것이다. 그런 말씀을 하셨습니다.

실제로 인제 다른 지역, 서울 주변에 있는 주변도시들을 우리가 쭉 둘러보아도 사실 다른 도시들은 너무 산업화, 도시화가 빨리 진전이 돼 가지고 하남처럼 이렇게 역사성을 그대로 보존하고 있는 도시가 아마 좀 드문 것 같습니다.

그래서 인제 하남에서는 오래 전부터 선사 고대시대에 하남을 조명한다는 차원에서 삼국시대의 예를 들어서 이성산성을 비롯해가지고 또 고려시대 또 조선시대 많은 역사 문화를 발굴하고 계승하는데 여러 가지 사업을 많이 해 왔습니다.

특히 이제 오늘 일제 강점기의 하남지역의 독립운동 세미나는 하남이 개항기를 거쳐서 근현대에 접어들면서 하남은 과거부터 갖고 있었던 그런 역사성을 어떻게 계승 발전시켜 나갔는가?

특히, 우리 민족이 일본에 의해서 국권을 침탈당하고 식민지 지배를 받았을 때 우리의 그 정체성 또는 역사성을 지키기 위해서 어떠한 노력들을 하남 사람들은 해 왔던가? 거기에 대해서 재조명 한다는 의미에서 상당히 의미있는 학술 세미나라고 생각이 됩니다.

오늘 종합토론 사회를 제가 맡았습니다마는 발표를 들으면서 여러 가지 많이 새로운 사실도 알게 되었고, 또 경우에 따라서는 아직 하남에 대한 근현대사에 대한 연구가 축적이 안됐기 때문에 발표자들의 발표 내용에 대해서도 좀 이견이 있는 부분도 아마 있을 것으로 생각됩니다.

특히 오늘 이제 독립운동 또는 의병운동에 참여했던 그런 지역이기 때문에 그 지역에 현재 살고 계신 후손 분들도 아마 많이 계실 것으로 생각이 됩니다. 그래서 여러 가지 의미있는 종합토론이 되지 않을까 그렇게 생각이 됩니다.

종합 토론의 진행 방식은 우선 네 분이 발표를 했는데 그 네 분 발표한 내용에 대해서 각기 한 분씩 코멘트하는 형식으로 간단히 질의응답을 하구요, 그 다음에 오후 내내 방청석에서 들으신 여러 청중 여러 분들의 의견을 듣고, 나아가서는 우리가 학술세미나를 한다고 해서 그냥 탁상공론식으로 여기서 뭐 과거에 이랬다 저랬다 그거 정도로 끝나는 것이 아니라, 그러한 정신을 현재 또는 미래에 계승해 나가기 위해서 하남에서는 어떤 일을 해야 될 지, 오늘 행사가 많으셔서 안 계십니다마는 아까 시장님도 오셨었고, 행사 관련 공무원들도 계시고, 또 시청에서 우리가 이 행사를 하는 만큼 앞으로 시청이 어떤 일을 해야 되는지 그러한 것들도 오늘 종합토론에서 제기가 돼서 앞으로 시정에 반영이 될 수 있도록 그렇게 진행이 되면 나름대로 이 세미나의 어떤 성과가 드러나지 않을까? 이런 생각을 전 해봅니다.

일차적으로는 먼저 발표자에 대한 토론자의 질의응답 그 다음에 이차적으로는 이곳에 참석하신 시민 여러분들의 의견 수렴, 그 다음에 마지막으로 총정리를 하면서 하남시는 어떠한 방향으로 그러한 일제 강점기의 정신을 계승 발전시켜 나갈 것인가? 이런 식으로 대략 한 세 단계로 나누어서 진행을 했으면 어떨까 생각을 하고 있습니다.

우리가 4시부터 시작했는데 발표자분들이 시간을 정확히 지켜 주셔 가지고 한 30분쯤 일찍 끝내도 되겠다 그런 생각을 하고 있습니다. 그러면 대략 5시 반 정도에서 마무리를 하는 식으로 그렇게 진행을 하겠습니다.

우선 네 분 선생님께서 발표를 해 주셨는데 먼저 하남을 이야기하기 전에 경기도 전체를 이야기 하면서 일제 강점기에 독립운동에 밑그림을 한번 그려보고 그 가운데서 하남에 독립운동이 어떤 특징을 갖느냐 뭐 이런 거에 대해서 건국대학교의 한상도 교수님께서 발표를 해 주셨습니다. 거기에 대해서 인천 개항장 연구소에 수석 연구원으로 계시는 최영국 박사님께서 간단한 코멘트를 좀 해주시기를 부탁드립니다.

그런데 가급적이면 종합토론이고 하니까 지엽적인 문제보다는 제가 지금 드린 말씀의 방향대로 그렇게 좀 말씀을 해 주시면 도움이 되지 않을까 이렇게 생각이 됩니다.

부탁드립니다.

최영국 : 최영국입니다. 한상도 선생님 발표 잘 들었습니다. 마치 그 어렵고 또 이해하기 힘든 독립운동사를 일반인들이 쉽게 알 수 있

도록 발표문을 아주 꼼꼼하게 쓰셨습니다마는 이렇게 꼭 KBS 역사스 페셜 나오듯이 이렇게 잘 설명해 주서 가지고 여러분들도 아주 쉽게 경기지역 독립운동의 흐름이나, 또 어떤 특징이 있었는지 잘 들으셨을 걸로 생각됩니다.

한상도 선생님 발표는 본문을 보면 알 수 있듯이 일본 제국주의자 들이 한국을 본격적으로 침략하기 시작한 19세기 말부터 광복을 맞이 하기까지 경기지역 민족운동가들의 항일 활동상을 주제별로 나누어서 아주 전반적으로 다루어 주셨습니다.

한 선생님이 발표하셨듯이 경기지역은 1910년 8월 경술국치 이전 부터 이미 일제의 한국침략을 감지한 이 지역의 민족운동가들에 의해 서 항일 활동이 활발히 일어난 지역입니다.

즉, 경술국치 이전에는 김하락이나, 민승천, 심상해, 의진과 같은 의 병활동이 있었는가 하면 1908년 1월에는 1월에는 13도 창의군이 양주 에 집결하여 서울 진공 작전을 펼치기도 한 지역입니다.

이밖에 또 경기지역에서는 애국 계몽운동이 활발히 전개되었고, 일 제에 의한 한국 병탄이 있고 난 뒤에는 3·1운동이나 농민 노동 학생 청년 소년운동이 일어났고, 1927년에는 국내 최대의 민족통일전선을 구축한 민족유일당 운동에 의해서 성립된 신간회의 활동이 1930년대 전반까지 일어난 지역이기도 합니다.

이 같은 사항을 볼 때 일제 강점기와 경기지역은 각계 각층의 아주 긴 기간 항일의 기치를 올린 고장이라 할 수 있겠습니다.

이 같은 결과는 한 선생님의 발표에서 지적하셨듯이 일제 침략과 경기지역은 침략기관들인 조선총독부 또 조선군사령부, 조선헌병대 사령부, 동양척식주식회사 등이 있는 서울, 서울과 접해있는 지역이고 항일민족 운동가들의 공격 대상들이 바로 이들 기관과 그 안에서 한국을 지배하는 일제 침략의 수괴들이였기 때문입니다.

그런 면에서 경기지역은 의혈투쟁도 활발히 전개되기도 했는데요. 경기도 이천 출생인 이수우 이숭사는 1926년 7월부터 11월 초까지 이 지역을 무대로 활동을 벌였습니다. 즉 이숭사는 20년대 중 후반 재만 독립군단으로는 가장 활발한 무장활동을 벌인 참의부에 국내 특파원 이 되어서 1926년 5월 입국해 7월 10일에는 서울 동대문에 있는 일제 의 경찰 파출소를 습격해서 일경을 사살하고 9월 7일에는 안성군 일 죽면에서 군자금 모집활동을 벌였습니다.

그리고 9월 28일에는 이천군에 헌병경찰서 주재소를 습격하고 다 시 벽사면사무소를 습격해서 친일 면서기를 총살하는 활동을 벌이기 도 했습니다.

이같이 동지 유택수와 함께 11월 초까지 의혈투쟁을 벌이던 이숭사 는 일경들과 대치하다가 피체되었고 1928년 5월 일제로부터 사형을 언도받고 1929년 2월 27일에 순국하였습니다.

또, 1929년 4월에는 의혈투쟁단체인 공명단의 대원들이 서울에서 춘천쪽으로 넘어가는 남양주시, 남양주로 바뀌기 전에는 미금시였고, 또 그 전에는 식민지치하에서 그 지역이 망우리라는 지역으로 포함됐 던 행정구역이었습니다. 그런데 그 고개에서 일제의 우편물 수송차를 습격해서 군자금을 탈취하는 의거가 일어나기도 했습니다.

공명단은 단장이 최양욱이었고 단원은 이성구, 안창남, 김정연 등이 었습니다. 아, 이 단체는 독립군 비행사 양성소를 건립해서 일제와 대 등한 무력을 확보해 무장투쟁을 벌인다는 계획을 가진 단체였습니다.

따라서 대원들은 그 자금을 확보하기 위해서 바로 남양주시에서 우 편물과 함께 현금을 수송하는 일제의 우편 수송차를 습격했던 것입니 다. 의거 후 거액을 확보한 공명단 대원들은 양주에 있는 천마산으로 갔는데 결국 일제 군경이 이 산을 포위 공격해 총격전을 벌이다가 전원 피체되고 말았습니다.

하여튼! 이렇게 일제 침략기간 동안 다양한 독립운동이 전개된 지역이 경기지역인데, 그러면 이 지역 출신들 중에서는 어떤 분들이 있었고, 또 그 중에서 특히 중국 관내 지역으로 들어가 임시정부나 아니면 또는 독립운동 단체에서 활동한 분들, 또는 개별적으로라도 활동하신 분들이 어떤 분들이 있었는지 그 활동 상황하과 이력을 말씀해 주시면 감사하겠습니다. 질문으로 요 한 가지만 드리겠습니다. 이상입니다.

손승철 : 예, 간단히 답변을 좀 부탁드립니다.

한상도 : 최영국 선생님이 말씀하신 취지는 우리가 좀 더 구체적으로 경기도가 낳은, 그 중에 가능하면 또 우리 광주 하남이 낳은 위대한 독립운동이나 위대한 선열 이런 분들을 우리가 좀 더 구체적으로 좀 알면, 대개 역사적 사실이라는 게 조금 관념적이잖아요. 옳은 말은 옳은 말인데 확 와 닿지를 않는단 말이죠.

아 근데, 어떤 분이 계셨는데 아! 텔레비나 어디 영화에서 봤던 그 분들이 우리 고향 출신이구나. 이러면 참 와 닿는거죠. 그쵸? 그런 뭐랄까 실질적이고 구체적인 뭐 그런 부분에 우리가 관심을 좀 갖자라는 취지에서 대단히 유익한 주문이신 것 같습니다.

참고로 조상이나 여러분 집안에도 선대가 독립운동을 했다면 이 분이 어떻게 하셨지? 이렇게 좀 알고 싶잖아요. 그러면 인터넷에 들어가 국사편찬위원회나 역사정보통합시스템을 이용하면 자료가 굉장히 많아요. 일제시대 옛날에 나왔던 신문 잡지를 통해서도 정보를 검색하면 확인할 수 있습니다. 정 모르시면 손주들한테 물으면 금방 해줍니다.

이렇게 하면 일상적으로 역사 지식을 그때그때 구할 수 있습니다. 그 다음에는 독립운동뿐만 아니라 한국전쟁이나 베트남전쟁 등의 유공자 관리가 국가 보훈처 소관입니다. 국가보훈처 포털 사이트를 찾으면 나라사랑광장, 공훈전자사료관 이런 게 있습니다. 공훈전자사료관이나 나라사랑광장에서 화면을 보시면서 정보를 검색하면 아주 쉽게 접근할 수 있습니다. 이곳에서 사람 이름만 치면 그 사람의 정보가 있을 경우 바로 뜨기 때문에 쉽게 얻을 수 있습니다.

또 내친 걸음에 얘기하면, 국사편찬위원회에 가면 조선왕조실록도 다 국역되어 있거든요. 그 조선왕조실록을 찾아가서 우리 조상의, 예를 들어서 무슨 자, 무슨 자, 무슨 자 쓰는 어른이 옛날에 무슨 벼슬을 하셨는지 그 어른 성함을 치면 다 나옵니다. 지금 대한민국이 세계적으로 IT강국이라는 것을 실감합니다.

그런데 문제가 있습니다. 공훈전자사료관 같은 곳에서 검색을 하면 대부분 옛날 주소지가 나온다는 것입니다. 즉 일제 강점기 독립운동시기 때의 주소지 기준으로 입력이 되어 있으니 하남이라는 지명은 하나도 없습니다. 그 때는 이곳도 모두 광주니까 어쩔 수 없지요. 지금 이런 식으로 나오니까 조금 아쉬움은 있어요.

그래서 사실은 하남시에서 옛날 광주 지역을 기반으로 하여 독립운동 하신 분들의 발자취를 정밀하게 조사하고, 자료를 추출하는 작업을 진행할 필요가 있습니다. 이러한 작업은 하남역사문화연구소나 이런 곳에 의뢰하여 작업하면 가능할 것입니다. 그러면 하남 출신의 어떤 분들이 독립운동을 하셨는지 구체적이고 고급스런 결과가 나올 수 있을 것입니다.

이런 아쉬움을 전제하고, 일단 여기가 광주로 돼있으니까 여러분들이 자랑스럽게 생각해야 될 분이 몇 분 계십니다. 우선 가나다라로 말해 볼께요.

김교훈선생이라고 하겠습니다. 이분이 대종교 2세 교주예요. 나철이 1905년경에 국내에서 대종교를 만들었습니다. 대종교를 오늘날 기독교 불교 이런 신앙 종교적 차원으로 받아들이지 마십시오. 대종교는 나라가 국권을 빼앗기니까 다시 나라를 되찾기 위해서 단결해야 하고, 단결하려면 정신적 구심점이 있어야 된다는 차원에서 그 근거를 단군에서 찾은 것입니다. 그 근거를 예수님이나 석가모니에서 찾을 수는 없는 노릇이니까요.

그러니 대종교는 우리 민족의 기원인 단군을 받들어서 단군을 중심으로 하면 지역이 다르고 나이가 다르더라도 우리가 일체감을 느끼고 민족의식을 고양해서 일제의 침략을 물리치자는 것이 단군교, 나중에 대종교로 되는 것입니다. 거기에 2세 교주입니다.

김교훈선생은 신단민사도 쓰시고 요즈음 같이 지식인입니다. 이분들이 나중에 만주에 가서 돌아가시고, 그곳에서 북로군정서와 같은 독립군 활동에 정신적 지도자로 활동하신 분입니다. 김교훈 선생님의 자료도 아까 말씀드린 공훈전자사료관에 가서 검색하면 다 나옵니다. 그럼 이렇게 읽어 보시면 구체적인 내용을 바로 알 수 있습니다.

그 다음에 김창환 선생이라는 분이 있습니다. 그분은 압록강 건너 지금의 중국 연변 조선족 자치주 지역을 무대로 활동한 20년대 초반 중반에 통의부, 정의부라는 독립군 부대에서 광장히 고위직 간부를 하신 분입니다.

그 다음에 또 광주 출신으로는 신익희선생님도 계십니다. 나중에 제2민주당에 그 비나리는 호남선의 주인공이기도 하고, 목포에 대통령 유세에 갔다가 거기서, 열차 안에서 심장마비로 돌아가셨지요.

그 다음에 광주와 가까운 지역인 양주에는 대한민국 임시정부에서

외교부장 하셨던 조소왕 선생이 계십니다. 조소왕 선생은 고향의 지명을 따서 호를 양주라고 했구요, 본명은 조용은입니다. 그분 동생이 조용원. 조시원입니다. 조인제 선생도 같은 집안으로 독립운동을 하신 분들입니다.

그리고 양주 출신 가운데 지식인으로서 김성숙선생도 주목할만 합니다. 김규광이라고도 나오고 김성숙이라고도 나옵니다. 그리고 가까운 여주 지역에는 우리가 아는 엄항섭 선생이 있습니다. 임시 정부의 김구 선생 비서도 하시고, 선전부장도 하셨지요. 이정도로 마치겠습니다.

손승철 : 예. 지금 말씀하신 내용이 발표문 7쪽에 서론 부분 하단에 언급이 되어 있습니다. 그래서 혹시 더 관심이 있으신 분들은 댁에 돌아가셔서 아까 말씀하신대로 국사편찬위원회나 국가보훈처 홈페이지를 이용하여 한 번 검색을 해 보시면 여러 가지 재미있는 정보들이 많이 수록되어 있을 것으로 생각이 됩니다.

근데 뭐니뭐니해도 사실은 이 하남이라는 지역이 갖고 있는 어떤 그 지리적인 위치 이것이 굉장히 중요합니다. 아까도 발표 중에 말씀하셨지만 모든 것이 교통로를 중심으로 해서 상황이 전개되는 것이니까요. 예를 들면 하남이 한강을 끼고 있기 때문에 서울에서 남쪽으로 이동해 갈 때에는 한강을 건너서 가야 되는데 광주를 통해서 가거나 아니면 수원을 통해서 가게 되지 않습니까? 그러니까 결국에는 모든 정보가 이 길목에서 이루어졌다 했을 때 결국 역사적 변동에 어떤 중요한 그 줄기 역할을 했다. 이렇게 볼 수 있지 않겠나 하는 것이 첫 번째 발표에 중요한 내용들이었습니다.

그러나 이제 다만 아쉬움은 아까도 잠깐 말씀하셨지만 실제로 광주라는 지명으로 표현되지 구체적으로 하남이 나타나는 것이 아니기 때문에 그것을 밝히기 위해서는 좀 더 정밀한 사후 작업이 이루어져야 되겠다. 이렇게 생각이 됩니다. 그래서 앞으로 하남 역사문화연구소라든지 또는 역사박물관같은 곳에서 이러한 작업들을 보다 정밀하게 해 가야 되지 않을까 이런 생각이 듭니다.

두 번째 주제는 이제 하남 지역으로 구체적으로 들어가겠습니다. 1895년 단발령이 내리고 민비가 시해되고 그러면서 전국적으로 의병이 일어날 때 하남은 어떠했었느냐 하는 것이고, 그 다음에 1910년에 식민지 시대가 시작이 되면서 을사늑약에 의해 식민시대가 시작되면서 그 때의 하남, 그 다음에 그로부터 10년 후인 1919년 3·1운동 당시의 하남. 그 다음에 대중운동으로 번져 나갔을 때의 하남 등을 살펴보도록 하겠습니다.

오늘은 신간회를 다뤘습니다마는 그 네 가지가 하나의 시대적 획을 그으면서 발전되었습니다. 그러니까 의병 그 다음에 한일합방. 그 다음에 3·1운동. 그 다음에 신간회 또 하남이 그 주요한 역사적 시점에서 어떤 역할을 했느냐 이제 그런 것을 오늘 다뤘는데, 두 번째 발표가 바로 3·1운동 당시의 하남이었습니다.

이제 거기에 대해서 숭실대학교의 황민호 교수께서 발표하셨는데 그에 대한 그 토론으로 천안에 있는 독립기념관 독립운동사연구소에 책임연구위원으로 계신 박민영 박사님께서 토론을 해 주시겠습니다. 박 선생님 간단하게 부탁합니다.

박민영 : 방금 소개 받은 박민영입니다. 황 교수님 발표 잘 들었습니다. 그리고 토론문에서 제가 여섯 개 질문을 드렸는데, 이게 내용이 너무 난삽해서 세 번째, 네 번째는 황민호 교수님께서 참조하시고, 토론에서는 생략하도록 하겠습니다.

저는 10년 전인 2001~2002년에 하남 근현대사를 독립운동사 중심으로 집필할 기회가 있었습니다. 또 동부면 3·1운동을 주도했던 여기 본문에 나오는 김교영 선생님의 약전을 제가 한번 정리한 경험을 가지고 있습니다. 오늘 이 자리에 약정토론을 맡게 된 것도 이런 연유 때문이라고 생각됩니다.

이번 발표는 무엇보다 제대로 정리되지 않았던 하남지역의 3·1운동을 체계적으로 정리했다는 점에서 연구사적 의의가 있다고 생각합니다. 하남 지역 구체적으로 광주 지역의 한 부분인 하남 지역 3·1운동의 전개 또 발전 과정과 주도 인물 시위 내용, 하남 지역 3·1운동의 전체적 모습을 구명하였다는 점은 특기할 만합니다.

이 과정에서 본 논문은 현재 하남시의 영역이 과거 광주군의 일부에 지나지 않은 점에 감안하여 하남시 영역에만 국한하지 않고 부득이하게 3·1운동 당시에 광주군 전역을 대상으로 삼고 그 실상을 구명하였습니다. 이 문제는 황교수님 발표만 한정되는 것이 아니라 오늘 하남의 그 주제 전반적으로 다 해당이 되는 것 같습니다. 이 점을 염두에 두고 본 논문의 보완에 다소나마 도움이 되길 바라는 바람으로 의견을 몇 가지 개진해 봅니다.

첫째 조금 외람되지만 목차 구성상 그 조정이 필요하지 않겠나 하는 생각을 했습니다. 본문의 가장 중심되는 내용은 네 번째 장 만세 시위의 확대와 격화 가운데 그 첫 번째 절 동부면과 서부면에서의 3·1운동인 것 같습니다. 동부면과 서부면, 오늘날 하남시 전역에 해당하기 때문에 오늘 발표 주제의 핵심이 된다고 판단되기 때문입니다. 이런 견지에서 동부면과 서부면의 3·1운동을 가능하다면 별도의 한 장으로 설정해서 더 큰 비중을 두고 기술을 하고, 그 두 번째 줄에 연합시위 격화 부분은 하남시 3·1운동의 영향 하에 전개된 것으로 정리하면 하남시 3·1운동을 더 올바로 이해하는 데 근접하지 않나 하는 생각입니다.

두 번째 3·1운동의 배경으로 언급한 의병전쟁을 포함하는 하남의 국권수호 항일투쟁이 3·1운동으로 연계되는 실상을 알려주는 자료가 혹시 있는지 궁금합니다. 언뜻 보기에 그 연계성을 확인할 수 있는 근거는 발견되지 않는 것 같습니다. 본고의 논지 전개과정에서 양자의 상관성을 어느 정도 연계 하에 확인할 수 있는 근거가 있어야만 의병전쟁과 항일전통을 한 절로 설정한 타당성을 가질 수 있지 않겠나 하는 생각이 들기 때문입니다.

세 번째는 동부면 교산리, 망월리, 천현리와 서부면 감일리의 만세시위가 동일한 날짜인 26~27일 양일간 함께 일어났습니다. 그리고 야간 시위를 거쳐서 면사무소 만세 시위 이후에 상일리 헌병분병소 시위로 이동하는 등 운동 과정이 동일한 패턴으로 일어나게 되었습니다. 이런 사실을 고려할 때 마을 상호간에 사전 연락 혹은 공동 기획 하에 진행된 것으로 인정이 되는데 그 내용을 확인할 수 있는 자료나 혹은 근거가 있지 않겠나 하는 생각입니다.

끝으로 광주 그 3·1운동의 시작을 3월 26일 송파리 주민 만세운동으로 보게 된다면 황교수님의 선행 연구에 나오는 그 다음 세 가지 일시에 대해서 더 세밀한 검토가 필요할 것으로 생각이 됩니다. 참여자 증언에 의해서 기술한 3월 22일, 3월 12일자. 실촌 의거 또 광주군지에 의거한 3월 19일에 경안 시위 그리고 독립운동사 편찬위원회에서 간행한 3월 23일 광주만세운동이 그것입니다.

서울에 근접한 하남 3·1운동 거사 기점이 그 3월 26일이라고 했을 때 너무 늦지 않나 하는 감이 들기 때문에 이 사실을 염두에 두고 드리는 질문입니다. 이상입니다. 고맙습니다.

손승철 : 예 답변해주시죠.

황민호 : 예 고맙습니다. 박민영 선생님 토론 잘 들었습니다. 순서 대로 답변을 좀 드리겠습니다.

우선 일단 목차 수정을 하라고 그러셨는데요. 저도 사실은 쓰면서 생각을 좀 해봤습니다. 동부면과 서부면이 더 강력하게 되는 것 같다 는 생각이 드는데, 그런 경우에 뭐가 문제냐 하면 제가 써 보니까 광 주군의 3·1운동이 굉장히 커요.

우리가 생각했던 것보다 그 제가 생각할 때 박인식 선생님이 좀 파 악을 잘못하고 계신 것이 아닌가. 하는 생각이 들 정도로, 박인식 선생 님이 멀리 떨어져 계시니까, 상해에서 들리는 소문으로 정리하시는 거 니까, 정보가 전달이 잘 안 될 수도 있다는 생각이 들 정도로, 이게 크 거든요.

근데 동부면과 서부면을 떼어서 한 자료에 해도 될 것 같은 생각이 드는데, 그러면 그 다음에 오포면과 경안면의 시위도 그 만큼의 큰 분 량이 되어서 문제가 야기됩니다. 제가 그거까지 다 쓰려니까 숨차더라 구요. 그래서 제가 말씀드리고 싶은 건 광주군 3·1운동에 대한 연구를 하면서 광주건 하남시 이건 간에 좀 비중을 맞추고자 했습니다. 광주 나 하남이나 실제적으로는 다 같은 거잖아요. 지금은 우리가 구역이 나눠져 있을 뿐이지 아무 의미 없는 거잖아요. 근데 저는 그걸 혼자서 다 쓸라고 하니까 좀 숨이 찼습니다. 마침 그렇게 끝내 놓고 생각해보 니까, 다음에 쓰던지 아니면 하남시에서 알아서 해 주시겠지. 뭐, 그런 생각이 들어서 그렇게 됐는데 박민영 선생님의 지적이 전적으로 옳다 고 생각됩니다.

두 번째로 하신 질문이, 의병전통이 광주군 지역의 전통이 항일 전통으로 승화되려면 무슨 연관이 있어야 되는 거 아니냐. 너무 없이 그 거만 강조만해서 문제가 있는 거 아니냐. 라는 지적이셨습니다. 굉장 히 예리한 지적인데 저도 쓰면서 사실은 겁났습니다. 솔직하게 말씀드 리면 광주군의 전통은 박민영 선생님이 이미 정돈해 놓으신 것 그냥 베꼈습니다. 사실은 제 필치 문체로 베낀 거에 불과하거든요. 근데 그 럼에도 불구하고 제가 의병전통을 쓴 이유는 뭐냐 하면 의병도 굉장히 커요 광주가. 서울하고 가깝고 여기가 산세가 그래서 그런지 제가 잠 깐 읽은 것만 해도 의병이 굉장히 크게 일어나거든요. 근데 의병에서 3·1운동까지 우리가 생각해 보면 굉장히 멀 것 같은 데 그렇게 멀지 않 습니다. 시기적으로 그러니까 그런 의병전쟁은 직접 봤기 때문에 3·1운 동도 그게 무슨 인맥으로 연결되거나 이런 걸 현재로서는 확인할 수 없습니다. 저도 찾아보려고 했는데 직접적으로 확인하지는 못했습니다. 다만 전체적인 분위기 면에서 관련이 있다고 생각합니다. 예를 들면 애국계몽운동을 했던 광주군에 있었던 기호흥학회 회장하시던 분이 이윤종이라는 분입니다. 그런데 이휘종이라는 분이 광주군에서 3·1운 동을 대대적으로 하는데 이윤종이라는 분 친척집에 갔다가 그 방에 있 었던 독립운동선언과 관련된 문건을 방에서 들고 나와 군중들한테 읽 어 주거든요. 근데 한자가 똑 같애요. 그리고 시간이 얼마 안되니까 아 마 무슨 연관 관계가 있지 않았을까 생각합니다.

전체적으로 동족부락 같은 느낌이 듭니다. 그리고 한순회라는 분도 3·1운동에 참여했다가 오늘 발표에 들어보면 그 뒤에 신간회에 적극 적으로 참여하는 인물이 되고. 뭐 그런 몇 가지 근거를 좀 더 예로 들 수 있지만, 하여간 크게 세 가지만 들어봐도 연관 관계가 요 마을 단 위로 있을 것 같습니다.

다음으로 마을 간의 동일한 패턴 현상이 어떤 연관 관계가 있지 않았겠느냐. 라고 말씀하셨는데 연관 관계가 있습니다. 그러나 확실한 근거 자료가 없어서 못 썼습니다. 똑같은 지적을 하셨지만 횃불 시위하고, 같은 날 다른 산에서 서로 바라보면서 횃불 시위를 하고, 같은 면사무소 앞에서 만나고 주동하셨던 분들이 다 구장 아니면 면장이세요. 그 때 구장 정도만 돼도 유지시거든요. 그러니까 광주군 내 있었던 유지분들이나 지식 계층에 있었던 분들이 주도를 하셨던 것 같고, 이대헌이라는 분은 태극기를 만드셨다고 되어 있어요. 태극기를 만드는 게 지금처럼 우리가 쓱쓱 그려서 만들 수 있는 게 아네요. 그것은 목숨을 거는 일인데 미리 만들었다는 것을 보면, 누구하고 하기로 했으니까 미리 만들지 혼자 미리 만들지 않았을 거라는 거죠. 큰일 나는 일이니까. 그런 걸 보면 연관 관계가 있는 것 같은데 결정적으로 이를 입증할 만한 기록은 없는 상태입니다. 추론으로는 확실히 연관 관계가 있고 광주군 전체가 한꺼번에 움직였다는 생각이 듭니다.

그리고 마지막으로 드리고 싶은 말씀은 제가 정리를 해 보다가 광주군에서 일어났던 시위 양상이 굉장히 여러 가지가 있고 여러 다른 자료가 있다는 사실을 알았습니다. 박민영 선생님도 말씀하셨지만 국사편찬위원회에서 나온 자료나 독립운동사 자료집에 나온 자료나, 저희가 논문을 쓸 때 그것을 기본 사료로 의심하지 않고 쓰거든요. 그러니까 실제로 보면 광주군 3·1운동이 20, 26일이나 27일 이전에 있었을 가능성이 있어요. 저는 재판 기록만 가지고 이 논문을 썼는데 일단은 재판 기록이 기초사료라는 생각이 들어서 그랬습니다. 그런데 제가 제기하고 싶은 문제는 이렇게 다양한 사료들이 있으니까 그 다양한 사료들을 전부 다 조사할 필요가 있다는 것입니다. 증언이든 뭐든 전부 조사해서 그 신빙성을 하남문화역사연구소나 하남시에서 정리해 주시면 3·1운동과 관련된 지역 사회 연구 부분이 굉장히 멋있어지지 않을까. 라는 생각이 들었습니다. 사실은 제가 해야 되는데 의병도 하고 3·1운동도 하고 너무 바빠서 일단 요기까지만 문제 제기하겠습니다. 만약 하남시가 안 된다 그러면 뭐 나중에 제가 시간 날 때 한 번 해보도록 하겠습니다. 근데 제가 해 보니까 광주군의 3·1운동이나 의병운동은 우리가 생각했던 것보다 훨씬 크고 확실히 3·1운동은 굉장히 정리할 부분이 컸다는 겁니다. 이 정도로 답변을 마치겠습니다.

손승철 : 예, 황교수님 논문을 보니까 하남지역의 3·1운동 참여자들의 관련 기록들이 나오는데, 거기 보니까 이런 선생이라든지 김홍렬, 구희서, 김교영 이런 분들의 판결문, 그 다음에 수용자 카드 이런 것이 소개가 돼 있습니다.

그래서 상당히 구체적인 사료를 들어가면서 좋은 글을 써 주셨는데, 아까 한상도 선생께서 광주지역 독립운동가로 김교헌이란 분을 말씀했는데, 그 김교헌이라는 분하고 지금 황선생님 논문에서 나오는 김교영이라는 분이 어떤 관계가 있지 않을까요? 어떻습니까?

그 함자를 봐서는 뭐 돌림자도 쓰고 그래서 한 집안이 아닌가 하는 생각이 드는데 거기에 대한 무슨 정보는 없으신가요?

황민호 : 저는 몰랐는데 조금전에 어떤 후손 분이 오셔서 자료를 주셨는데 김교영 선생님은 천주교 신자시더라구요. 보통도 아니시고 순교하실 정도로 대단하신 분인데, 이게 종교적으로 따질 일은 아니지만 같은 집안일 가능성은 있다고 생각이 듭니다. 후에 살펴보겠습니다.

손승철 : 내용을 알고 계시면 전해주고 가시면 좋겠습니다. 자 그럼 세 번째 논문으로 들어가겠습니다.

세 번째 논문인 하남지역이 항일대중투쟁 전개라는 김형목 선생님의 발표에 대해서 중앙대학교의 김인식 교수님께서 토론해 주시겠습니다.

김인식 : 예, 소개받은 김인식입니다. 제 토론문이 있는데 그 토론문을 좀 크게 수정해서 요약해서 말씀드리도록 하겠습니다.

저는 오늘 네 가지를 말씀 드리려고 하는데 처음 두 가지는 오늘 발표를 들으면서 느낀 점을 제가 말씀드리고, 그 다음 두 가지 간단한 질문을 김형목 선생님께 드리도록 하겠습니다.

발표문은 일제 식민지 시기 하남지역에서 전개된 항일대중투쟁에 대한 지금까지의 연구성과를 집대성한 점에서 의미를 찾을 수 있을 것 같습니다. 대중투쟁이란 이른바 민중들의 삶의 발자취를 저항의 측면에 초점을 두어 추적하는 작업이라 할 수 있겠습니다. 이러한 추적이 그다지 쉽지 않은 만큼, 지역 사회 연구에는 많은 어려움을 수반할 수밖에 없다고 보겠습니다. 그렇다고 문화사, 지방사에 중요성을 무시할 수도 없겠습니다.

그런데도 이 지역 사회를 주제로 학술회의를 개최하는 일은 거의 없었습니다. 그저 개인적으로는 2010년에 여기 오늘 발표하신 조성운 선생님하고 성남문화원에서 주최한 일제하 성남지역의 신간회 연구라는 학술대회가 있었는데, 그때 신간회 지회를 해당 지역에서 처음으로 조명한 회의였습니다. 이즈음에서 상당한 의미를 느꼈는데 오늘도 이런 점에서 학술대회가 상당한 의미가 있다고 보겠습니다.

요즈음 지방자치체와 관련하여 애향심이나 주민들의 자긍심 고취를 위한 이벤트 행사가 굉장히 많고, 때로는 수십억을 투자하는 행사도 있지만 자기 고향을 재발견하려는 진지한 작업은 좀 미진한 느낌입

니다. 이러한 분위기에서 오늘 하남시 학술회의는 굉장히 의의가 크다
고 생각합니다.

오늘 김형목 선생님 발표문 끝에 소개한 참고 문헌에서도 보이듯
이, 오늘 발표하신 한상도나 조성운 선생님의 연구가 이러한 발표의
밑받침이 되었다고 봅니다.

하남시 시민의 정체성 확립을 위한 기초적인 작업과 지원이 이번
학술회의를 통해서 지속적으로 이루어지길 바랍니다. 이러한 작업은
미래를 위한 조그만 과업이자, 오늘 우리들 삶을 윤택하게 하는 요소
라고 생각합니다. 정기적인 학술회의와 하남인들의 적극적인 동참을
통한 시민들의 전폭적인 지원이 이런 학술회의를 지속시킬 수 있다고
봅니다.

둘째 제가 느낀 점은 그 하남 지역 전반을 이해할 수 있는 항일운
동 전반에 대한 연구 성과를 집대성할 필요가 있다고 봅니다. 이와 관
련하며 구술사의 중요성을 말씀드리고 싶습니다. 하남지역 근현대사
에 대한 공식 기록이 너무 소략하기 때문에 이를 보완하는 과정은 생
존한 분들의 증언이 필수적이라고 생각합니다. 이 분들의 삶의 역정이
우리에게 일상사로 다가올 수 있는 하나의 지침서가 될 수 있다고 생
각합니다. 지방자치체는 이러한 시민들의 자발적인 참여를 좀 보조해
주었으면 하는 생각입니다. 이상으로 제가 느낀 점을 말씀드리고 두
가지 간단한 두 가지 질문을 김형목 선생님께 드리고자 합니다.

아까 황민호 선생님께서도 의병운동에서 3·1운동까지 가는 데 그
렇게 거리가 멀지 않다. 말씀하셨는데 한말에 하남지역 변동과 관련
된 인물들에 대해서도 이렇게 세밀한 분석이 진행되어야 된다고 생각
됩니다. 이 분들이 일제 강점기에 그 대중 투쟁을 주도한 인물이라 생
각합니다.

특히 사립학교 설립 운동이나 국채보상운동에 참여한 인물들의 활동상은, 오늘날 계승과 발전이라는 측면에서 분석할 필요가 있다고 생각합니다. 이 문제와 관련해서 오늘 그 발표하신 김형목 선생께서 확인하신 인물이 있다면 간략히 소개해 주시면 감사하겠습니다.

그 다음은 아까 최영국 선생님께서 질문을 하셔서 한상도 선생님께서 설명하신 거 같은데, 이 하남지역을 대표할 만한 인물이 과연 누가 있는가. 이 문제를 저도 질문하려고 했습니다. 아까 한상도 선생님 말씀 하신 거와 달리 하남지역에 어떤 지표가 될 만한 어떤 인물이 있으신지, 혹시 그 관심가지신 분이 있으시면 소개해 주시면 고맙겠습니다. 이상으로 질문을 마치도록 하겠습니다.

손승철 : 예 고맙습니다. 간단하게 답변 좀 부탁드립니다.

김형목 : 예. 감사합니다. 사실 오늘 학술발표회의를 하면서 조금 아쉬움이 있다면 한말 우리가 최소한 1894~1895년 좀 더 앞으로 나간다면 1880년 70년, 80년대부터 이 지역 지자체가 어떤 변동을 겪어왔는가? 그 속에서 우리가 하남인을 더 추적할 수 있으면 좋겠고, 아니면 최소한 당시 광주지역에 살았던 이곳이 어떤 사회 변동을 겪게 되었고 거기에 대해서 어떤 대응을 했는가? 이 부분이 사실 좀 이야기가 되고 그러면서 그 속에서 나타난 항일운동으로서 조명이 되었다면 하는 생각입니다.

우리가 크게 얘기해서 의병전쟁하고 애국계몽운동으로 전개되었고, 애국계몽운동은 잘 아시다시피 사립학교 설립운동이나 국채보상운동, 그것이 20년대 이어지면서 문화계몽으로 이렇게 이어지는 맥락입니다. 또 하나는 의병전쟁 속에서 그것이 국외로 가서 독립군으로 전환해가는 모습을 보이고, 3·1운동 이후에는 이념적으로 본다면 민족주의 대 사회주의, 아나키즘 다양한 이념적인 스펙트럼이 나오게 되죠. 그래서 그런 부분이 좀 개괄이 되고 추적을 하는 것이 사실 좋은 작업인데 대한제국기 부분이 빠지다 보니까, 아까 물론 황민호 선생님이나 조성운 선생이 일부 이야기를 했습니다마는, 사실 제가 전공을 하는 부분이 대한제국 교육운동이고 그래서 저도 좀 언급을 할까 하다가 일부만 하고 말았는데 실질적으로 그 당시 이곳에서 사립학교 설립운동 또는 야학운동이 어떻게 전개되었는가를 살펴 보았으면 하는 생각이 있었습니다.

우리가 또 잘 아시다시피 대한제국기에 가장 많은 인원이 참가한 것이 국채보상운동입니다. 지금 국채보상운동은 저 나름대로 자료를 만들고 있는데, 한 면에서 많이 참가한 면은 거의 전 주민이 참여했다고 할 정도로 2,000명 가까이 되는 지역들도 나옵니다. 그래서 그 부분을 해 보면 대체적으로 조선시대 민촌이었느냐 아니면 양반촌이었느냐 아니면 혼합으로 살았던 곳인가. 아니면 더 나아가서 하층민이 살았던 곳인지를 알 수 있게 됩니다. 이러한 추적이 되면 각 인물에 대한 추적이 훨씬 쉬워질 겁니다. 그런데 이 지금 자료에 나타나고 있는 인물들에 대한 추적은 굉장히 단편적인 기사들만 올라옵니다. 예를 들면 어떤 지역에 누가 뭐해서 학교를 세웠다더라는 형태입니다. 그게 한 열 번만 나와줘도 훨씬 좋을텐데 말입니다. 그것도 한두 번 이야기 되다가 갑자기 십몇 년까지 툭 뛰어 넘어 21~22년에 가서 나타나기도 합니다. 그래서 아까 그 박민영 선생님도 얘기했습니다만 과연 우리가 의병전쟁이라고 하는 것이 항일정신으로, 독립정신으로 어떻게 계승되었느냐하는 측면은 결국 한말에 이곳에서 의병전쟁을 했건, 애국계몽운동을 주도했건 이러한 분들이 3·1운동 이후에 어떠한 역할을 해 나가느냐, 이런 추적이 되어야 한다고 생각합니다.

예를 들어, 조금 의식을 가지셨던 분들이 아마 이 곳에서 조직되었던 것은 광주 유림회가 대표적으로 거론될 수 있을 것입니다. 그런데 광주 유림회 같은 경우에도 중요한 인물 몇 분은 나오는데, 그 이후에 활동이라 하는 것이 광서회를 설립하고 계몽운동했다는 정도 밖에는 나오지 않습니다. 그러다 보니 인물 추적이 힘들게 되고, 아마 중요한 활동을 하였을 것인데도 불구하고 그것 자체가 지금 안 드러나는 것이 굉장히 많습니다.

이러한 것은 하남시에서 적극적으로 구술자료를 하고, 그 다음에 여기 오래된 집안들에 소장되어 있는 자료를 발굴하다보면 거기서 예외적인 것들이 많이 나올 수도 있습니다. 아니면 과거 면사무소나 이런 데 있었던 수용인 명부라든지, 이런 걸 보면 그 당시 일제에 저항하는 사람들을 파악할 수 있습니다. 이러한 명부가 있으면 그 사람들이 여기에서 굉장히 중요한 활동을 했던 분들이라는 것을 증명하게 됩니다. 따라서 이러한 자료는 굉장히 중요한 사료인데 과거 면사무소나 지서에 있던 것들 대부분이 없어 졌습니다.

그런 측면에서 인물 자료를 하는 그것은 굉장히 중요하다는 걸 누구도 부인할 수 없고, 그것은 아마 구술 자료도 해야 되겠지만 전반적으로 여기 하남시에 지금 있는 기록 중에서, 과거에 보잘 것 없어 보이지만 사진 자료라든지 이런 부분들도 굉장히 중요한 의미를 갖습니다.

다음에 이곳이 중부면하고 서부면이였기 때문에 이 일대가 수리조합을 하게 되었고, 제가 아직 국가기록원까지는 확인을 다 못해 봤습니다만 이곳에서도 수리조합 반대운동이 일어났을 것입니다. 그럴 때 당시 여기 토지소유 해당들이 어떻게 되고 있었는가 하는 부분들도 우리가 좀 구체적으로 끌어내면 인물의 배경과 성장과정, 활동상황 등이 좀 드러나지 않을까 생각합니다.

그 다음에 친일과 항일을 뛰어넘는 평가 작업은 굉장히 힘든 작업입니다. 이분법적으로 처리를 하면 좋죠. 독립운동 아니면 친일이라고 이렇게 했을 때 그러면 국내 있었던 대다수의 우리 민중들이 민초들이라고 하는 거 자체가 남을 괴롭혀가면서 친일을 한 것은 아니거든요. 먹고 살기 위해서 한 건데 그것까지 우리가 어떤 범주에서 설정할 것인가는 참 굉장히 조심스럽게 접근해야 되고, 그것은 앞으로 두고 두고 좀 우리가 고민하면서 접근을 하면서 평가를 해야 될 작업이 아닌가 생각됩니다. 예, 감사합니다.

손승철 : 예, 감사합니다. 지금 아주 중요한 말씀을 해 주셨는데 근현대사 역사 연구에 사실은 제일 중요한 것이 구술사료입니다. 구술사료가 뭐냐 하면, 현재 연세 많이 드신 분들이 과거 기억하고 계신 내용들을 녹취를 해 가지고 그 말씀을 통해서 역사를 다시 복원하는 것입니다. 조금 전에 들은 얘긴데, 1919년 3·1운동 당시에 하남 사람들이 동부면사무소 앞에 집결을 해서 거기서 천여 명이 만세 시위를 했다고 했습니다. 그런데 정작 동부면사무소는 어디 있었냐고 하면 그걸 모른답니다. 그래서 제가 깜짝 놀랐어요. 혹시 여기 알고 계신 분 안 계시나요? 아, 네. 나중에 한 말씀해주십시오.

그래서 그런 것들이 사실은 기록이 현재 잘 남아있지 않으니까, 그런 걸 복원하려면 사실 여러분들의 말씀을 듣고, 종합적으로 답사도 하고, 뭐 필요하다면 발굴도 하고, 혹시 사진 자료 같은 것도 채집을 하고, 이래 가지고 결국 역사를 복원하는 것입니다. 아직 하남시에서는 그런 작업들이 잘 진행되고 있지 않은 것 같습니다. 그래서 그런 것들도 염두에 두셨으면 감사하겠네요.

마지막으로 네 번째 신간회, 광주지회와 광지회의 활동에 관해서 경기대학교에 조성운 선생님께서 발표해 주셨는데, 국민대학의 장석홍 교수께서 토론해 주시겠습니다.

장석홍 : 제가 그 토론문을 작성할 때에는 학술적인 글로써 작성을 했습니다. 그런데 오늘 여기 참석해 주신 청중 여러분들을 뵈니까 학술적인 얘기를 하는 게 너무 좀 거리가 있는 것 같습니다. 제가 쉽게 교양적인 수준에서 우리가 문제를 한 번 집고 넘어간다는 차원에서 말씀드리도록 하겠습니다.

저는 평소에 역사를 공부하면서 좀 상식적인 수준에서 우리가 역사를 이해하는 것을 강조하고 있습니다. 저 스스로 그렇습니다. 그랬을 때 오늘 제가 이 지역에 와서 보니까 첫 번째 생각이 드는 것은, 오늘날 행정구역 단위로 그 학문의 폭을 이렇게 제한을 시켜서 연구를 하는 것은 여러 가지 어려운 점이 있다고 생각이 듭니다.

행정구역이 우선이 돼 가지고 역사를 재단한다는 문제는, 오늘을 사는 우리들에게는 어떤 그 욕구가 반영된 것이지 실제로 역사는 전개되지 않았다고 저는 생각이 들구요, 크게 봤을 때 서울 인근 지역에 특징이 드러납니다.

워낙 서울이라는 곳이 강하게 구심력을 발휘하기 때문에 서울과 접한 인근지역은 서울화 되는 모습을 많이 보고 있습니다. 제가 오늘 하남시에 오다 보니까 행정구역으로는 경기도 하남시라는 간판이 있던데, 어떤 건물이나 사람들의 생김새나 이런 여러 가지가 서울과 다르지 않다는 생각이 들었습니다. 그렇기 때문에 하남지역의 역사를 본다는 것은 어떤 구역으로서 제한시켜서 거기서 일어난 것만 보지 말고, 서울과의 연관성, 경기, 광주지역과의 연관성을 폭넓게 볼 필요가 있다고 생각합니다. 그리고 나서 더 중요한 거는 하남의 새로운 전통을 쌓아 간다는 점에서 하남의 인물, 지금 하남 행정 구역에 속해 있는 것에만 국한시키지 말고, 오늘날 하남 시민들이 이 일대의 역사문화를 주로 세우고 정립하는 데 앞장서는 게 저는 필요하다고 생각합니다.

그렇다면 결국에는 행정구역으로 하남을 넘어설지 몰라도, 이 하남의 역사 문화에 대한 그런 것이 주변에서 가장 성숙하고 발달할 수 있지 않을까 그런 생각이 듭니다. 그래서 오늘 제가 이 토론을 맡은 신간회라는 걸 아마 모르시는 선생님들이 많으시죠? 이것은 1920년대 후반에 한 3~4년 동안 일제가 허가해 준 범위 내에서 사회운동을 하던 단체였습니다. 그래서 전국적으로 일어났어요. 전국에 시군마다 다 지회가 생기고 있습니다.

그런데 하남을 포함한 광주지회는 제가 볼 때는 크지도 않고 다른 지역에 비해서 활동도 활발했던 것 같지가 않습니다. 그래서 왜 그랬을까하는 그런 생각이 드는데, 그런 건 아마도 제가 앞서 말씀드린 서울의 구심력에 의해서 좀 늦고 그러지 않았나 그런 생각을 가져봅니다.

우리가 역사를 공부할 때 보면 저도 그렇습니다마는, 좋은 점을 많이 발견하려고 그럽니다. 근데 사실은 역사에서는 꼭 좋은 것만 발견하기보다도 미흡하고 부족한 부분도 우리가 확인을 해서, 그건 왜 그런지를 또 추적해 볼 필요가 있습니다. 그런 점에서 오히려 광주지회는 일반적인 논의에 의해서 지회 설립과 활동을 보기보다는 다른 측면에서 해석할 필요도 있다고 봅니다. 예를 들면, 요게 조금 어려운 문젠데요, 보통 신간회 참여한 사람들의 주도 세력이라면 천도교, 또 사회주의자들 이런 분들이 좀 많이 주도를 합니다. 근데 상대적으로 광주 지역에서는 천도교 세력도 조금 미흡했던 것 같고 또 사회주의 세력들도 그렇게 활발하지 않았던 것 같습니다. 그랬을 때 그런 미흡 기반이 단단하지 못한 세력들이 주도를 하다 보니까 광주지역에 지회가 활발하지 못하고 또 일찍 나타나지도 못하는 그런 원인이 있지 않나하는 생각이 들어서요.

저는 사실 오늘 발표하신 조성운 선생의 발표문을 보고 처음에 깜짝 놀랐습니다. 뭐냐하면 광주지역이라는 곳에서 사실 신간회 활동이 그렇게 활발하지도 않았는데 어디서 이렇게 많은 자료를 보고 이렇게 구성을 했는가. 다른 발표자 분들도 그렇지마는, 특히나 아주 구체적인 문제를 가지고 굉장히 노력을 많이 한 그런 발표문입니다. 그럼에도 불구하고 지역 연구의 한계라는 거는 자료가 잘 드러나지 않습니다.

사실 개인연구자가 혼자서 개인의 힘으로 자료를 확보한다는 거는 그리 쉬운 일이 아닙니다. 그래서 이런 것들을 좀 폭 넓게 해서 하남지역의 어떤 독립운동을 앞으로 이런 단발성에 의해서 끝내지를 말고 이걸 지속적으로 좀 더 키우기 위해서는 나름대로 개인보다는 좀 공적인 차원에서 자료를 수집하면 이 하남지역 또는 광주지역 신간회 운동도 충분히 아주 훌륭하게 복원될 수 있다고 생각이 듭니다.

제가 보기에는 우리나라에서 신간회에 지회를 가지고 공부를 하는 분들이 많지가 않습니다. 불과 한 서너 분 정도 되는데 그런 점에 오늘 발표를 해 주신 조성운 선생님은 아주 그런 귀중한 연구자 중의 한 분이고, 수원 지회를 또 논문으로 발표한 적이 있습니다. 그래서 이번 기회에 광주지역까지 되면서 그런 게 좀 앞으로 활성화되길 좀 바라면서 제 말씀을 이걸로 마치도록 하겠습니다. 감사합니다.

손승철 : 예, 질문이라기 보다도 하나의 감상이라고 생각됩니다. 조성운선생님 한 말씀 해 주시지요.

조성운 : 전반적으로 지적해 주신 말씀이 옳습니다. 제가 한 90년대 말부터 수원지역에 관한 공부를 했습니다. 그래서 책을 한 권 냈는데 그 때 저는 맨땅에 헤딩을 했거든요. 수원지역은 화성이 있으니까 모든 역사 연구가 화성에 집중되어 있었어요. 제가 직접 거길 가 보니까 수원의 독립운동이 꽤 많이 있더라구요. 그런데 어떤 사람도 글을 쓴 게 없어서 내가 한번 해보자 해서 시작을 했습니다. 당시에는 저 혼자 였고, 지금 아까 한상도 선생님이 말씀하셨던 그 무슨 포털이나 인터넷이 없었거든요. 그래서 국립중앙도서관 다니면서 마이크로필름 봐 가면서 자료 모아 하나하나 수원지역에 관한 글을 쓰기 시작했습니다.

그래서 수원지역에 관한 연구를 마감한 게 그로부터 7~8년 후인 거 같아요. 지금은 수원과 관계된 글을 쓰지 않습니다. 헌데 그 때 제가 느낀 게 뭐냐 하면 도대체 수원 사람들은 뭐 했을까하는 거거든요. 전혀 자료수집이 돼있지 않았다는 걸 말씀드리는 겁니다. 그건 다른 지역도 마찬가지예요. 오늘 여기 주제가 하남, 광주니까 이것도 마찬가지 입니다.

작년에 성남문화원서 했을 때도 자료가 좀 있을려나 하고 찾아 봤더니 자료가 전혀 없었어요. 해서, 제가 수원 했을 때보다는 편하게 했지만 자료를 좀 모아 놓는 게 중요하지 않나 생각해 봤습니다. 이제 광주시 시사편찬위원회에서 자료집 발간해 놓은 게 있지 않을까 하고 자료집을 찾아봤는데 광주시 시사편찬위원회 자료도 사실은 없더라구요.

그런데 요즘 시사편찬할 때 의왕시사가 그랬구, 지금하고 있는 수원시사도 그런데, 책을 먼저 내는 것이 아니라 먼저 자료집을 냅니다. 그래서 그 자료집이 나중에 시사 편찬할 때 귀중한 자료가 되거든요. 근데 그러한 일들이 광주, 하남, 성남지역에서도 앞으로 있어야 되지 않나. 하는 생각이 듭니다. 그것이 앞에서 말씀해 주셨던 선생님들께서 모두 지적하신 부분들인 것 같습니다.

그리고 수원 공부할 때도 그렇고, 지금도 그런데 이 행정지역 단위로 역사공부 하는 건 아닌 것 같습니다. 해서 저는 제목에서도 아예 하남이라는 말을 쓰지 않았고 광주라는 말을 계속 썼습니다. 왜냐하면 이 하남이 탄생하게 된 것이 제가 잘 몰라서 그러는데 한 20년 되나요? 그 이전까지 계속 광주였기 때문이지요.

역사적으로 볼 때 이곳은 하남이라는 지역 이름보다는 광주라는 것이 맞는 거 같고, 앞으로는 이 광주·하남의 정체성을 살리기 위한 노력이 필요한 것이지요. 결국 하남은 광주를 밑바탕에 깔고 있는 것이지 서로 떨어져 있는 것이 아니라는 생각을 하는 겁니다. 그래서 광주지역에 역사를 바탕으로 한 하남의 역사 창조 이것이 더 중요한 게 아닌가라는 그런 생각을 합니다.

그리고 이 하남 사람들이 광주에서 왔다 갔다 했구, 서울 왔다 갔다 했기 때문에 이 경계라는 게 애매모호하거든요. 이러한 부분도 역사공부할 때는 현실적인 문제가 될 수 있습니다.

이 신간회도 마찬가집니다. 신간회 중앙본부 창립할 때 광주에 기계 유씨 유학겸씨가 발기인으로 참여를 하는데, 그래서 제가 유학겸이라는 분이 신간회 광주지회에 참여를 했는가 찾아 봤어요. 그런데 유학겸은 신간회 광주지회에 참여하지 않습니다. 중앙부에서만 활동할 때 발기만 한 거 같아요. 그는 나중에 신간회 중앙회 활동도 별로 안 보이거든요. 해서 발기만 해 놓고 참여하지 않은 거 같다는 생각을 하고 있습니다.

다른 지역 같은 경우에는 3·1운동의 흐름들이 쭉 있어 왔기 때문에 신간회 활동에서도 그런 부분들이 강하게 보이는데 특히 수원 같은 경우는 확실하게 보입니다. 그런데 여기는 이런 부분들이 약했죠. 그러나 보니까 신간회 활동도 역시 그 영향성에 있는 것 같아요.

그런데 제가 그렇게 썼으니까 그렇게 느끼셨을 거 같은데 왜 그럴까라는 생각을 해 봤어요. 그 이유가 저는 전통사회에서 중요한 역할을 했던 성씨 문화에 있는 것 같습니다. 광주지역의 동족부락, 집성촌 자료를 찾아보면 그 사람의 인맥이 발견되지 않을까 생각해 보았습니다. 그런 의미에서 이 지역도 동족부락이나 집성촌 등에 관한 연구가 진행되어야 할 것 같습니다.

손승철 : 감사합니다. 사실은 하남에 대한 연구가 광주로부터 시작해야 하는 점은 부정할 수 없죠. 그러나 발표할 때는 하남으로 발표를 해야 됩니다. 하하하. 그렇게 해야 되지 않겠어요?

만약에 지난 번 한 때 움직임이 있었습니다만 광주, 하남, 성남을 합쳐서 하나의 구역으로 하면 그때는 같이 하겠죠. 그러나 지금 현재 현실은 하남입니다. (웃음) 저는 그렇게 생각합니다. 아, 자연스럽게 토론 진행이 이제 현실 문제와 미래 문제로 가는 것 같습니다.

주로 연구자들의 입장에서 이야기를 하고 있기 때문에 연구를 어떻게 해야 되겠다. 어떤 방법으로 해야 되겠다. 예를 들어서 먼저 사료를 수집해라. 그런 말씀을 했는데 우리 방청석에서도 또 나름대로 여러 가지 의견이 있으실 것 같습니다. 그래서 자유롭게 말씀해 주십시오.

그러나 지금 시간이 많지 않기 때문에 질문의 요점만 간략하게 말씀해 주시면 감사하겠습니다. 아 이쪽으로 오셔서, 오래 하실 것 같은데 간단하게 부탁을 드립니다.

손승철 : 우선 죄송합니다만, 누구신지?

이강범 : 아, 예 저는 하남문화원에 부원장을 맡고 있는 이강범이라고 합니다. 우리 시장님하고 같은 집안입니다. 제가 조금 오래 할지도 모르는데요. 박사님들에게는 아주 중요한 얘기가 될 겁니다. 또한 아까 하남의 독립운동사 중에 언급된 분인 이대헌 그분과 같은 집안입니다. 그래서 거기에 대한 보충적인 설명을 드리고자 사실은 왔어요.

선생님들이 연구하신 건 물론 좋으신데 제가 같은 집안에서 보고 들은 이야기를 하면 연구에 크게 도움이 될 것이라고 생각합니다.

손승철 : 저 죄송한 말씀이다만, 시장님 얘길 너무 많이 하시면 불편한 분들도 있을 지 모르니까 아주 핵심 내용만 간단하게 해 주십시오.

이강범 : 예 알겠습니다. 오늘 말씀 잘 들었는데요. 제가 인제 첫 번째 말씀드릴 것은 이곳에 참석하신 모든 분들은 하남 시민이기 때문에 오늘 독립운동의 주요 주체가 하남시 사람들에게 집중되는 것이 맞을 것이라고 생각합니다.

이곳에 앉아 있는 목적 가운데 하나이기도 합니다. 그런데 전체적으로 광주를 크게 다루면서도 하남지역이나 하남인물이 나오면 그것을 좀 집중적으로 조명할 필요가 있다는 이야기입니다. 왜냐하면 하남의 학술발표회이니까요.

저는 그렇게 생각하구요. 아 우리 집안의 이대헌 선조께서 3·1운동을 하셨는데, 제가 알기로는 하남의 3·1운동에 앞장서신 분은 크게 네 분입니다. 이대헌 외에도 저기 구산에 김교영, 그 다음에 덕풍리와 풍산리의 김홍렬, 그 다음 감일리의 구의서, 그렇게 네 분들인데 이에 대한 얘기를 자세히 했으면 하는 생각이 듭니다.

제가 이대헌 선생님의 따님이 생전에 살아계실 때 인천으로 찾아가

만난 적이 있습니다. 그 이야기를 중심으로 제가 기록해 놓은 게 있어요. 그래서 그 말씀을 좀 드리겠습니다.

손승철 : 저 좀 죄송합니다만, 시간이 많이 걸릴 것 같거든요. 그래서 필요한 자료를 나중에 전해주시면 오늘 발표한 것을 보완하여 책으로 출간할 때 받은 자료를 다 수록할 테니까 그 정도로 해 주시죠. 다른 분들도 질문이 있으니까요.

이강범 : 아 예 간단하게 하겠습니다. 이대헌 그분이 형 받은 게 2년, 김교영 그분이 형 받은 게 1년 반, 다음에 김홍렬, 풍산리 그 분이 받은 게 1년, 그 다음에 구의서 감일리 그 분이 받은 게 8개월 이렇게 됩니다. 그래서 이대헌 그 분이 제일 형을 많이 받았는데 아까 신간회 그 얘기를 좀 드리겠습니다.

지금 이대헌 선생님의 신간회 활동 언급이 없는데, 제가 알기로는 신간회 간사로 활동했다는 그런 기록을 제가 봤습니다. 3·1운동 후에 성남쪽하고 연결이 되어서 나가는데, 그 이유 하나가 이대헌 선생님이 서대문 형무소에 형을 살 때 율리 출신의 함백봉이라는 분과 같이 형무소 생활을 하면서 의형제를 맺었습니다. 이대헌 선생님의 큰 딸이 채란인데 그 분이 함백봉과 같은 집안인 함백우 집안으로 출가를 합니다.

아까 얘기하신 유억겸은 발기문에 나오는데 그 분이 하남에 그 대표적인 인맥 유길준의 둘째 아들입니다. 그리고 이대헌 선생님의 어머니가 기계 유씨예요. 그래서 친정 조카인 유준회박사와 이대헌 선생님은 외사촌 간이 됩니다. 그런 관계이기 때문에 유억겸 선생이 신간회에 발기인으로 되지 않았나 생각합니다. 그때 함께 한 사람이 율동의 한순회와 한백봉 같은 분들입니다. 이들은 모두 지방의 보수적인 양반

가문들입니다. 그렇기 때문에 좌익 활동과는 성격이 안 맞아 오래 활동을 못하지 않았나 하는 추측을 합니다. 어찌되었든 문헌을 보면 신간회 간사로 활동했다는 것은 확인이 됩니다.

손승철 : 아. 예. 너무 한 집안에 관한 이야기에 집중하시는 것은 좋지 않고요, 다른 분들도 계시니까 이 정도에서 마무리를 해 주시죠.

이강범 : 딱 한마디만 더 하겠습니다. 일제 말기에 이대헌 선생이 살기가 어려워져서 서울 신당동으로 이사를 합니다. 그 때 신당동에서 흰 옷을 입고 시장을 나가면 먹물을 까맣게 뒤집어쓰고 들어왔답니다. 일제가 흰 옷을 못 입게 탄압했다는 사실을 알 수 있는 일입니다. 예 여하튼 감사합니다.

손승철 : 예. 우리가 아까도 구술 사료의 중요성을 강조했습니다만 바로 이런 것들을 다 녹취를 해 가지고 풀어서 그걸 연구에 활용하는 것이 필요합니다. 그래서 나중에 또 자료를 좀 전해 주시고 그런 말씀 해 주시면 감사하겠습니다. 죄송합니다. 자꾸 말씀을 막아서요.

이강범 : 예, 제가 드리고 싶은 말씀이 많아요.

손승철 : 따로. 죄송합니다. 예, 다른 분들 좀. 예, 말씀하시죠.

김종규 : 저는 김종규입니다. 제가 한마디 드릴 것은 지금 우리 여기 방청석에 있는 양반들이 소재지 얘기를 하고 그러는데, 과연 그 소재지가 어디 였느냐 라고 궁금하게 여길 겁니다. 해서 제가 아는 대로

말씀을 드리겠습니다. 동부면 소재지는 지금 현재 천현동 마방집 있는 곳입니다. 그 부분이 3·1운동 당시 까지는 면소재지가 거기에 있었습니다. 그 후에 지금의 감일동 지역인 일명 겨내(현재 상일초등학교가 위치한 동네의 명칭)라고 불리던 곳으로 옮겼습니다.

그리고 초이동에 면소재지가 있었다는 이야기를 들었습니다. 그리구 감북동은 성 북쪽에 있기 때문에 감북동이라는 이름으로 변화된 것으로 얘기를 합니다. 그래서 앞으로는 우리가 이런 세미나를 할 때는 여기서 듣는 양반들이 좀 궁금한 것을 해소시킬 수 있도록 지명에 대한 이야기를 하는 방향으로 해 주셨으면 감사하겠습니다.

손승철 : 동부면사무소가 없어진 게 언제쯤 됩니까?

김종규 : 동부면사무소는 현재 여기 천현동 마방집 있는데 있잖아요.

손승철 : 그게 언제까지 있었습니까? 그러니까 거기 있다가 덕풍동 쪽으로 가게 될 때가 언제쯤 될까요? 몇 년도쯤 될까요?

김종규 : 몇 년도까지는 제가 확인을 못 해 봤어요. 여기 우리 하남시 노인회회장으로 계시는 여기 윤혁노씨가 계신데 ….

손승철 : 혹시 기억이 있으신가요? 예. 혹시 당시 면사무소에 근무하시던 분은 안계신가요? 이와 관련된 사진이나 기타 자료를 구할 수는 없나요? 그 위치를 정확하게 알면 많은 도움이 될 것입니다. 그러면 하남시도 제가 아까 여기 논문 보니까. 3·1운동 당시에 천여 명이 운집했다. 그런 얘기가 나옵니다. 그런데 그 숫자가 얼마나 신빙성이 있는

지 모르지만, 그 일대 천여 명이 모였다면 전 주민이 거의 다 모이는 건데, 그러면 3·1운동 무슨 기념탑이나 아니면 지표석이라도 하나 세워야 되지 않겠냐? 이런 차원에서 본다면 주재소 자리가 어디인지, 또 면사무소 자리가 어디인지, 그런 건 시급하게 규명을 해 가지고 거기에 하다 못해 탑을 못 세운다면 지표석이라도 세워서, 이 지역이 과거 일제 강점기에 하남 시민들이 만세 부르던 지역이다. 최소한도 그런 것을 자라나는 청소년들에게 알려줘야 되지 않겠냐? 저, 그런 거지요.

김종규 : 거기 저 마방집이 있는 데서 조금 올라가면 이원범씨 집이 있는데 그 끝쪽 한 15미터 지점이 면사무소 위치입니다.

손승철 : 여기 박물관장님이 계신 모양인데 하다못해 지금 말씀하신 지역에다가 나무 말뚝이래도 하나 좀 박아 주세요. 우선, 하하하. 예. 감사합니다.

다음, 다른 한 분만 더 받고 예, 저 유병상선생님.

유병상 : 예, 아주 공부 많이 했습니다. 하남시민의 입장에서 많이 공부를 했는데요. 책에 보니깐 제가 좀 확인을 해야 될 부분이 있어서 일어났습니다.

광주 지역 교육기관 해 가지고 설립자에 유지제씨라고 되어 있어요. 유지제씨, 그래서 오타구나 하고 생각하다가 유지제라는 분에게 씨자를 붙였구나 생각하면서 넘어갔거든요, 그런데 다른 곳에 보면 유지 띠고 제씨가 송파 중앙청 이렇게 되어 있습니다. 이게 유지제라는 분인지, 아니면 유지 띠고 제씨가 맞는지? 확인 좀 해주십시오.

이게 지금 만약에 띠고 한다면 한자가 안 쓰여졌기 때문에 제가 아주 상당히 혼란스럽습니다. 그리고 다른 곳에 보면 동부면 온천리에 사립학교를 개설한 사람이 유진기라고 되어져 있는데요, 그 유자가 묘 금도 유자거든요, 요 때면 기계유가 집성촌이구 하기 때문에 요 유자 가 혹시 확인이 가능한지, 요것도 좀 확인 부탁드립니다.

그리고 뒤쪽으로 가서 보면 집행위원회에 유진상이라고 되어져 있 는데 이름이 맞는 것인지 확인 부탁합니다.

그 다음에, 아까 박민영 선생님의 토론문에 보면 유인석이 러시아 연해주로 망명하여 활동하고 있었기 때문이다라고 되어져 있는데요, 제가 알기로는 의암집에서 망명삼불가론인가 하는 글을 읽은 것 같거 든요. 확인 좀 부탁드립니다.

손승철 : 몇 가지 질문하셨는데 지금 여기 한 선생님 말씀은 그 광 성학교, 광성의숙 고등강습소 설립자가 유지제씨가 아니라 그 지역 유 지 제씨, 여러분들이 모여서, 그런 의미로 봐야 될 것 같구요. 그 다음 에 기계 유씨기 때문에 유자는 묘금도에서 잘못 된 거 같고 그 다음에 저 유인석 관련은 박민영 선생님 한 말씀.

박민영 : 예, 간단하게 그 당시에 1908년에 러시아로 망명을 하니 까 처음에 1909년에는 러시아에 있었다는 이야기입니다.

손승철 : 예, 그 정도로 확인하겠습니다. 아까부터 말씀하실 게 있 으신 거 같은데. 아, 예.

홍충기 : 아 저는 홍충기입니다. 왜정 때 말도 성도 다 뺏겼던 시절 에 학교 다녔던 사람입니다. 근데 그때 시절에 야학을 우리 아버지가 사랑방에서 했고 건넌방에서, 안방에서 했고 그 때 학생들이 산곡학교 선생님이 우리나라 말 또 역사 이야기와 유명한 인물들에 관한 교육을

했다고 했습니다.

그런데 그 분이 독립운동가였다는 것은 몇 해 전에 알았어요. 작년까지 살아있다는 소리를 들었어요. 그래서 그 분을 독립운동가의 하나로 했으면 좋겠다. 이런 얘기고, 우리 하남 배알2리에 여운형씨가 거기에서 활동했습니다. 그 분은 양평사람인데 양수리에서 주로 청년들을 모아 가지고 활동을 했어요. 그래서 그 분은 우리나라에 최초로 독립운동을 했던 분입니다.

그래서 내가 원하는 건 탄복국민학교에 선생이었던 독립운동가 그 분도 살아계시면 만나보고 싶고 또 그때 무슨 책을 냈는지 한번 알고 싶습니다. 그리고 여운형씨가 우리 하남 배알2리에서 활동을 했었고 모든 정보를 그 분을 통해서 했었다는 것을 말씀드렸습니다.

손승철 : 예, 알겠습니다. 한 선생님께서 말씀해 주시지요.

한상도 : 어르신 참. 좀 … 큰 가르침인데요 저 사실 여운형 선생의 그런 얘기는 우리가 일단 확인을 해 봐야 하는데, 어르신이 일단 그렇게 말씀하시니까, 직접 보셨든지, 들으셨으니까 신빙성이 높겠죠. 그래서 그런 부분이 저희가 여기 하남 역사박물관의 존재감, 하남역사문화연구소가 사실은 그런 일을 해야합니다. 앞에서도 우리 문화원 부원장님도 또 다른 분도 이 자리에 와서 저희를 보고 니들이 이거 뭐 또 해줘야 돼 하면 안됩니다.

사실 우리는 객입니다. 그러니까 우리가 여기서 아까 처음에 말씀드렸지만 다른 뜻이 아니라 그 자료 수집이나 뭔가 구체적인 부분은 여기서 사실 시청이나 말씀하셨다시피 문화원이나, 공적인 역사박물관 이런 쪽에서 기초단계로 해야죠. 해서 그걸 이용해서 시민이나 연구자가 거기서 나름대로 더 공부를 심화시키고 뭐 그런 그 안타까움을 우리가 얘길 했습니다. 오늘 조금 전에 어르신 말씀하신 여운형 선생 분이나 앞에 학교 그 부분에 대해서 저희야 외지인이니까 사실 잘 모르잖습니까? 그래서 그 부분은 여기 계시는 역사박물관 관장님하고 또 이 행사를 주관하신 하남시 역사문화연구소에서 당장 그런 일부터 착수를 하고, 거기에 따라서 하남시가 그런 부분에 대해서 조금 더 관심을 갖고 예산을 지원하면 되지 않을까 합니다. 역사적 사실 자료를 조사하는 데 뭐 돈 들면 얼마나 들겠어요. 다리 하나 안 놓으면, 뭐 보도블럭 몇 개 안 바꾸면 그거 다 할 수 있어요. 제가 조금 내친걸음에 무례한 말씀을 드렸습니다. 여러분이 조금 공감대를 갖춰 주시길 바랍니다.

손승철 : 예, 감사합니다. 당초에 약속한 종합토론 시간이 5시 반이었는데 지금 15분이 경과했습니다. 그래서 제가 사회자 직권으로서 종합 정리를 하면서 세미나를 좀 마무리하고자 합니다.

오늘 세미나는 여러분이 다 알고 계시지만 일제 강점기 하남에 독립운동이 어땠느냐? 그것에 대해서 학술적인 검증을 하는 겁니다. 그리고 그러한 검증을 통해서 하남시 시민으로서의 민족의식을 고취하고 하남에서 자라고 있는 청소년들에게 하남의 긍지를 심어주기 위해서 오늘 세미나를 개최했습니다. 그리고 나가서 내 후년에 하남역사박물관이 새롭게 개관을 하는데 그 하남역사 박물관에선 뭘 해야 될 것이냐? 뭐, 이런 목적을 가지고 오늘 세미나를 개최하게 되었습니다.

내용을 돌이켜 보면 1895년에 단발령이 그리고 민비가 시해되면서 전국적으로 의병전쟁이 일어났습니다. 그 시기에 하남시에서는 어떻게 움직였고, 특히 1910년에 을사늑약이 되고 식민지로 들어갔을 때, 후기

의병이 일어나면서 그 때 하남에서는 어떻게 거기에 대응을 해 나갔느냐, 또 일제 식민지가 본격화 되면서 1919년에 3·1운동이 일어났는데 그 때 하남시민은 뭐했느냐. 그리고 그 이후에 대중운동이 어떻게 전개됐느냐. 이런 것들을 우리가 100년 전에 하남 사회를 한 번 돌이켜 봤습니다.

그런데 사실 오늘 하남시민으로서, 하남 시민이라는 말이 좀 어색합니다마는, 그 당시에 하남 살았던 사람으로서 거론된 분들이 네 분에 불과했습니다. 이대헌, 김홍렬, 구의서, 김교영 이런 분들만 우리가 거론이 됐고 예를 들어서 남한산성에서 의병운동을 할 때 1,600명이 의병전쟁을 했다. 또 1905년에 다시 후기 의병 때는 200여 명이 일본군을 상대로 해서 전투를 했다. 그리고 1919년에 3·1운동 때는 1,000여 명이 모였다. 그런 사람들의 흔적에 관해서는 언급이 되지 않았습니다. 다만 대표급에 있는 분들만 얘기했지만 사실은 1,000명, 1,600명, 이런 사람들에 의해서 하남에 민족의식이 일제 36년간 계승 발전돼왔다. 아, 사실 그런 것을 오늘 확인했습니다.

구체적으로 의병과 그 이후 독립운동과 대중운동이 어떻게 연결되느냐, 그거 하나하나를 실증하지는 못 했지만, 그거야 지금부터 우리가 연구를 심화시켜야 할 이유가 될 것이라고 생각이 됩니다. 오늘 세미나를 하다 보니까, 하남이 광주에서 분리가 되면서 연구에 여러 가지 어려움이 많게 돼 버렸습니다. 그러나 그렇다고 해서 하남에 대한 역사 연구를 여기서 멈출 수는 없다고 생각됩니다.

아까도 말씀드렸지만, 모든 시군에 다 있는 3·1운동 기념탑 하나 없고 의병 전쟁 어떤 충혼탑 하나 없고, 이건 잘못된 것이 아닌가 하고 생각합니다. 위치도 잘 모르고 왔다 갔다 하고, 그래서 탑이 안 되면 당장 나무 말뚝이래도 하나 박아서 하남의 정신을 청소년들에게도 계승 발전시켜야 되지 않겠나 이런 기대를 해봅니다.

특히 내후년에 새로운 하남역사박물관이 개관을 한다고 합니다. 사실 서울 주변에 그렇게 기획을 해 가지고 박물관을 세우는 예가 흔치 않습니다. 그런데 하남은 삼국시대부터 백제, 고구려, 고려를 거치면서 하남에서 강조하는 것이 역사, 문화, 환경의 도시입니다. 저도 한 20년 이상 하남을 들락거리다보니까 그게 제 머리에 딱 박혔어요.

하남은 역사도시다. 하남은 문화도시다. 그리고 하남은 환경도시다. 그래서 바로 이 자랑스러운 세 가지 어떤 키워드를 하남이 계속 가지고 가고 발전시키기 위해선 바로 이런 세미나가 필요하고, 이런 세미나를 통해서 그런 정신을 계승해 가야 되지 않겠나 생각합니다. 저도 하남에 살고 있지 않습니다만, 그런 어떤 주문을 하면서, 오늘 오후 거의 한시에 시작해서 5~6시간 동안, 우리가 바로 그러한 목표를 찾기 위해서 오늘 세미나를 한 것이 아니겠느냐. 하고 생각합니다. 이렇게 마무리를 지어 가면서 오늘 세미나를 모두 마치도록 하겠습니다. 장시간 동안 감사합니다.

이상배 : 예 종합토론 잘 들었습니다. 고생 많이 하셨습니다. 그리고 오늘 오후 장시간 동안 이렇게 앉아서 세미나를 경청해 주신 시민 여러분께 감사드립니다. 앞으로 하남의 역사가 조금 더 발전하기를 기대하면서 오늘 모든 행사를 마치도록 하겠습니다.

감사합니다.

(박수)

찾아보기

ㄱ

가마니짜기 증산계획 113
간이농업학교簡易農業學校 55
간이학교簡易學校 86
감감동甘甘洞 46
감일리甘一里 62
갑오개혁 44
강습소 78, 84, 131
『강의록』 86
강인원姜仁遠 120
강현진姜炫辰 116, 156
강화소년회 24
개량서당 78, 84
개성소년동맹 24
개성소년회 24
개성여자교육회 23
개성학당상업학교 22
건국동맹 28
건국훈장 애족장 58, 60
건아단健兒團 21
검단농우회 164, 165
경강노동조합 18
경동기자단京東記者團 81, 95
경성노동연맹회京城勞動聯盟會 18
경성부京城府 5
경성헌병대사령부 67
경안농촌진흥회 111
경안면慶安面 35, 45, 64, 66
경안부인회 111

경안정구구락부 144, 145
고려소년척후대 24
고리대금업 105
고양 광활소년척후단 24
고양 동아소년수양회 24
곤지암昆池岩 40
공립보통학교 78, 85, 87
공립보통학교학습회 85
곽인영郭仁榮 103
광덕학교廣德學校 137
광릉학교 134
광명강습소廣明講習所 137
광명소년친목회 24
광명의숙光明義塾 99, 137
광명청년회廣明靑年會 94, 142, 150
광선의숙廣鮮義塾 102, 137, 138, 166
광성학교廣城學校 134, 137, 142
광안면 50
광주공립보통학교 110, 114, 144
광주공립보통학교후원회 115
광주공산당협의회 118, 150, 152
광주군廣州郡 실촌면實村面 의거 39
광주군교육회廣州郡敎育會 95, 140
광주군근로보국대 113
광주군유림회 92, 94
『광주군지廣州郡誌』 42
광주기자단 95
광주노농식산장려회 156, 157
광주농업실업학교 97

광주보통학교廣州普通學校 55

광주부공립소학교 132

광주비밀결사 117

광주소년회 95, 144

광주엡윗청년회 92

광주여자청년회 94

광주조선소년군 95, 100

광주중앙청년회 94, 114, 137, 142, 144, 146, 150

광주지역 청년단체 150

광주천도교종리원 144

광주청년구락부 92

광주청년회 92, 94

광주체육협회 95

광주학생운동光州學生運動 22

광주협동조합 152

광흥사립학교廣興私立學校 133

광흥지회廣興支會 148

광흥학교 134, 135

교산리校山里 56

교토제국대학京都帝國大學 138

구국민단救國民團 13

구만선具萬善 45

구백서具百書 148, 155

구본옥具本玉 148

구본흥具本興 117

구승회具承會 118

구연복具然福 40, 41

구자달具滋達 148

구천면九川面 60

구회서具羲書 56

구회서판결문 63

국권수호운동 7

국어강습회 91

국채보상운동國債報償運動 11

권세환權世煥 48

궐리학교 11

근우회權友會 81

금란보통학교 10

금병길琴炳吉 46

기독교 35

기호흥학회畿湖興學會 4, 10, 47, 70, 136, 139

『기호흥학회월보』 47

김경석金敬石 115

김교석 93

김교신 93

김교열金敎悅 47

김교영金敎永 56, 59, 60

김교헌金敎獻 4

김교호 93

김규식金奎植 4

김동식金東植 148, 155

김두영 155

김성숙金星淑 4

김세풍 155

김수현金壽鉉 93

김술호金述鎬 145

김용문金用文 60

김은기金殷基 120

김익상金益相 4

김익수金益洙 69

김인택金仁澤 64

김정은 93, 152, 155

김정호金正浩 107

김종법金宗法 134

김준현金俊賢　52
김중희金重義　93
김창진金昌鎭　139
김하락金河洛　7
김혁金赫　4
김현승金顯承　47
김현용金鉉用　93
김홍렬金弘烈　56, 60, 61
김홍제金鴻濟　161

ㄴ

낙생면　50, 163
남일우南一祐　134
남태희南泰(台)熙　68
남한노동공조회　116
남한대토벌작전南韓大討伐作戰　10
남한산노동공조회南漢山勞動共助會　80,
　　150, 152, 157, 165
남한산농민야학　99
남한산보통학교南漢山普通學校　55
남한산산림조합　93, 95
남한산성 의병부대　27
남한산성南漢山城　44
남한산소년회　95
남한산유학생회　95
남한산청년구락부　144, 145
내곡부인회　93, 95
노농식산장려회勞農殖産獎勵會　142, 150,
　　156
노동공제회 광주지회　108
노동공제회勞動共濟會　80
노동공조회勞動共助會　142
노동운동　16, 77, 80, 114

노동조합勞動組合　17
녹비증식綠肥增殖　112
농민데이　112
농민동맹　28
농민운동　13, 77, 80, 104
농민조합운동　110
농촌진흥운동農村振興運動　80
농촌진흥회　164

ㄷ

단발령斷髮令　7
대동상업학교　103
대동학교　10
대승학교　10
대왕면　50
대한독립大韓獨立會　13
대한자강회大韓自强會　10, 136
대한협회大韓協會　10
도상면　50
도척공보교 창립기성회　95
독립선언문　53
돌마면突馬面　49, 50
『동경조일신문東京朝日新聞』　44
동맹파업　17
동맹휴학同盟休學　19, 20, 22
동명강습소東明講習所　102, 137
동부공립보통학교　89
동부면東部面　46, 51, 60, 64, 108,
　　164
동신소년회　24
동양척식주식회사　26
동척농장東拓農場　14
동치익董致益　69

동학혁명東學革命 43

ㅁ

마을문고 84
만세시위운동 12
망월리望月里 51, 58
망월수리조합 108
『매일신보每日申報』 53, 82
『매천야록梅泉野錄』 45
면려회 84
명덕강습소明德講習所 101, 137
명덕학교 10
명륜학교 134
명신강습소明新講習所 148
명신학교 10
목동학교 91
목상헌睦相憲 48
무산대중 116
문맹퇴치활동 23
문목규文穆圭 98, 138
문창학교 10
문철모文哲謨 98
문홍규文鴻圭 40, 41, 98, 138, 141
문화계몽운동 78
물산장려운동 28, 80
『미신타파좌담회』 100
민립대학광주지방부民立大學廣州地方部
       135, 139
민립대학설립운동 80, 130, 138, 139
민승천閔承天 8
민족말살정책 119
민족자결주의 49
민족통일전선 27

민족해방운동 77, 81, 83, 98
민족협동전선 129, 131

ㅂ

박기환朴箕煥 107, 113, 145, 161
박영대朴永大 89
박제선朴齊先 134
박주영朴周英 44
박준호朴準浩 106, 116
박찬익朴贊翊 4
박치경朴稚敬 107
박태원朴泰遠 148, 152, 155
방규환方圭煥 107
방일동方日東 115
배시형裵始炯 145
백제수양단 95
변중희卞重熙 155, 161
봉은사奉恩寺 101
부인해방 111
부천공립보통학교 19
분원엡윗청년회 95
비밀결사활동秘密結社活動 20

ㅅ

사립고양보통학교 11
사립소학교 132
사립안법학교 11
사립학교 84
사설강습소 96
산미증식계획 104
『삼·일 운동비사三·一 運動秘史』 42
삼면일교제三面一校制 86
삼성강습회 101

삼성면 50
삼성청년단 95
삼성청년회 101
상일공립보통학교 112
3·1운동 11, 35, 43, 49, 56, 77, 130
3·1운동실록運動實錄 39
서봉준徐鳳俊 140
서부면西部面 35, 46, 62, 64
서울공격작전 27
석경환石瓊煥 47
석동균 93
석영균石永均 156
석혜환石惠煥 80, 117, 142, 148, 155
소년수양회 24
소년운동구락부 24
『소년』 24
소작인회小作人會 14
소작쟁의 16, 105, 109
소작회小作會 14
소접면搔接面 39
송병준宋秉畯 106
송인범宋仁範 103
송파공립보통학교기성회 115
송파광주청년회松波廣州青年會 142
송파소년회 24
송파수양회 94, 143
송파중앙청년회 92, 95, 142, 143, 147, 150
송파청년회 144, 145, 150
수서동 공립소학교 132
수서리水西里 54
수서학교 134
수양회 84

수원고등농림학교水原高等農林學校 11, 21, 22
순회강연회 84
신간회新幹會 24, 25, 80, 81, 129
신간회 광주지회 147, 151, 155, 158, 160, 163
신간회 광흥지회 158
신간회 수원지회 153
『신간회연구』 129
신명강습소新明講習所 137
신문잡지종람소 84
신민균 98
신사참배 119
신숙申肅 4
신익희申翼熙 4
실력양성운동 80
실촌면實村面 51, 68
실학實學 3
심상희沈相禧 4
심영택沈榮澤 44
심종협沈鍾協 107
13도창의군13道倡義軍 9

◉

아나키즘 77
안경돈安景敦 132
안교행安教行 132
안성공립보통학교 19
안성기독교소년회 24
안성소년단 24
안성소년회 24
안성여자교육회 23
안성천주교소년회 24

안승우安承禹 4
안엽安曄 47
안영수安英洙 89
안재홍安在鴻 4
애국부인회 광주분회 113
야학 78, 84, 98, 131
야학회夜學會 23
양벌강습소 102
양평여주대표자회楊平驪州代表者會 15
양평청년동맹楊平靑年同盟 15
어준魚潗 139
언주공립보통학교 91
언주면彦州面 50
엄항섭嚴恒燮 4
엡윗청년회 84
여성운동 77
여운형呂運亨 4
여준呂準 4
역둔토대조합 108
『역사도시 하남』 78
연기우延基羽 9
연제홍延濟鴻 148, 155, 161
연합의진聯合義陣 8
오세영吳世永 69
오세인吳世仁 69
오수식吳壽植 41, 68, 69
오수억吳壽億 69
오여첨吳呂添 41
오인환吳寅煥 120
오포면五浦面 35, 46, 64
오흥운吳興雲 69
원용팔元容八 45
유근柳瑾 86

유만겸兪萬兼 112
유면영柳冕永 65
유신소년회 24
유인목兪仁穆 93, 148, 155, 160, 164
유인석柳麟錫 8, 46
유일강습소唯一講習所 137
윤도길尹道吉 63
윤준섭尹俊燮 89
융화소년회 24
을미의병乙未義兵 44
을사늑약乙巳勒約 8, 45
읍면제邑面制 5
의성학교 10
이광종李光鍾 92
이근학 155
이기봉李基鳳 148
이기홍李基弘 148
이길재李吉載 116, 156
이대헌李大憲 52, 56~58, 60
이동현李東鉉 47
이문호李文鎬 45
이병승李秉昇 40
이상재李商在 86
이석용李錫容 44
이시종李時鍾 53, 54
이영래 93
이용락李龍洛 39
이용호李容琥 148
이윤종李胤鍾 47, 54, 92, 132, 139
이익李瀷 3
이인영李麟榮 4
이일李一 99
이정일李廷一 92

이정재 98

이준식李俊植 89

이창하李昌夏 89

이천소년단 24

이천소년회 24

이춘영李春永 4

이한응李漢應 4

인천노동연맹회仁川勞動聯盟會 18

인천목공조합 18

인천소성노동회仁川邵城勞動會 18

인천엡윗청년회 23

인천여자청년동맹 23

일광공립보통학교 110

일면일교제一面一校制 86, 91

일본인소학교 87

임무경林武京 64

임문순林文淳 46

임옥여任玉汝 45

임정빈任定彬 103

임정재任政宰 145

임태문林泰炆 145

입학난구제대책위원회 85

ㅈ

장경사 148, 156

장덕균張德均 52

장문환張文煥 107

장석두張錫斗 104

재동경유학생친목회 84

재만동포피축사건在滿同胞被逐事件 161

재조일본인在朝日本人 67

적색노동조합 19

전덕기全德基 4

전상순全尙淳 98, 137

정석호鄭錫浩 53

정약용丁若鏞 3

정영배鄭永培 80, 117

정영순鄭永順 99

정우회 147

정윤하鄭允夏 134

정응설鄭應卨 107

정제신鄭濟莘 64

제암리堤岩里 교회 학살 사건 12

제천의진堤川義陣 8

조돈구趙敦九 98

조병세趙秉世 4

조병주曺秉周 80, 131

조선교육령 86, 120

조선교육협회 82, 86

조선군사령부 113

조선군참모부朝鮮軍參謀部 39, 66

조선군헌병사령관 53

조선노동공제회 82

조선노동총동맹 83

조선농우연맹朝鮮農友聯盟 21

조선농지령朝鮮農地令 16

조선독립개성회朝鮮獨立開城會 13

『조선독립신문朝鮮獨立新聞』 54

조선민족협동단 22

조선불교포교소 156

조선소작인상조회 광주지회 107

조선소작인상조회 106

조선여자교육회 82, 84, 87

조선예술호연구락부 22

조선청년연합회 82, 84

조선청년총동맹 83

조선총독부 6, 35, 86
조선토지개량주식회사 26
조성준趙成俊 47
조성호曺成鎬 148
조소앙趙素昂 4
조익환曺益煥 148
조인환曺仁煥 148
조희운曺喜雲 148
조희홍曺喜弘 148
중대면中垈面 52
중부면장中部面長 58
중일전쟁 119
지평의진砥平義陣 8
진명의숙 11
진성학교 11
진흥청년회進興靑年會 94, 142

ㅊ

창동소년회 24
창씨개명 119
천도교 35
천도교청년동맹 광주동맹 144
천중선千重善 53
청년운동 77, 140
청년회靑年會 23
초동야학교 91
최기철崔基喆 116, 156
최익현崔益鉉 4
최인성崔仁成 99
최창근崔昌根 52
최청룡崔靑龍 117
추경배秋璟培 148

ㅌ

태극소년회 24

ㅍ

파주소년회 24
평택소년회 24
평활소년회平活少年會 15

ㅎ

하산곡간이학교卜山谷簡易學校 90
학생운동 19
학습회學習會 85
『한국독립운동지혈사韓國獨立運動之血史』 37
『한국독립운동』 42
한규설韓圭卨 86
한백봉韓百鳳 50, 67, 155
한백호 159
한산학교 134
한성부漢城府 5
한순회韓順會 50, 68, 145, 148, 152, 155
한용득韓龍得 115
한진회 152, 155
한철기韓哲基 148, 152, 155
한홍수韓興洙 107
해소론解消論 26
허범許范 148
허이문許二文 148
허현許鉉 112
혈복단血復團 13
혈성단血誠團 13
협동조합운동 28

형평운동 81

홍순석 155

홍순욱 93

홍윤표洪崙杓 104

홍형준洪亨俊 99

황국신민 120

황만호 159

황재일黃在日 101

황추호 152, 155

회금보관위원會金保管委員 139

필자소개

한상도   건국대학교 교수
황민호   숭실대학교 교수
김형목   한국독립운동사연구소 선임연구위원
조성운   경기대학교 강사

일제강점기 하남지역의 독립운동

초판 1쇄 인쇄 : 2011년 12월 9일
초판 1쇄 발행 : 2011년 12월 15일

발행처 : 하남역사박물관·하남역사문화연구소

제작·판매 : 경인문화사
주 소 : 서울특별시 마포구 마포동 324-3
전 화 : 02-718-4831~2 팩스 : 02-703-9711
이메일 : kyunginp@chol.com
홈페이지 : 한국학서적.kr / http://www.kyunginp.co.kr

ISBN 978-89-499-0841-0   93910
값 15,000원